THE MISER (L'AVARE)

by

MOLIÈRE

Contents

THE MISER

L'AVARE

THE MISER

by

MOLIÈRE

Translated into English prose
With a Short Introduction and Explanatory Notes
by Charles Heron Wall

This play was acted for the first time on September 9, 1668. In it, Molière has borrowed from Plautus, and has imitated several other authors, but he far surpasses them in the treatment of his subject. The picture of the miser, in whom love of money takes the place of all natural affections, who not only withdraws from family intercourse, but considers his children as natural enemies, is finely drawn, and renders Molière's Miser altogether more dramatic and moral than those of his predecessors.

Molière acted the part of Harpagon.

PERSONS REPRESENTED

Harpagon, father to Cléante, in love with Marianne.

Cléante, Harpagon's son, lover to Marianne.

Valère, son to Anselme, and lover to Élise.

Anselme, father to Valère and Marianne.

Master Simon, broker.

Master Jacques, cook and coachman to Harpagon.

La Flèche, valet to Cléante.

Brindavoine, and La Merluche, lackeys to Harpagon.

A Magistrate and his Clerk.

Élise, daughter to Harpagon.

Marianne, daughter to Anselme.

Frosine, an intriguing woman.

Mistress Claude, servant to Harpagon.

The scene is at Paris, in Harpagon's house.

ACT I.

SCENE I.

VALÈRE, ÉLISE.

VAL. What, dear Élise! you grow sad after having given me such dear tokens of your love; and I see you sigh in the midst of my joy! Can you regret having made me happy? and do you repent of the engagement which my love has forced from you?

ELI. No, Valère, I do not regret what I do for you; I feel carried on by too delightful a power, and I do not even wish that things should be otherwise than they are. Yet, to tell you the truth, I am very anxious about the consequences; and I greatly fear that I love you more than I should.

VAL. What can you possibly fear from the affection you have shown me?

ELI. Everything; the anger of my father, the reproaches of my family, the censure of the world, and, above all, Valère, a change in your heart! I fear that cruel coldness with which your sex so often repays the too warm proofs of an innocent love.

VAL. Alas! do not wrong me thus; do not judge of me by others. Think me capable of everything, Élise, except of falling short of what I owe to you. I love you too much for that; and my love will be as lasting as my life!

ELI. Ah! Valère, all men say the same thing; all men are alike in their words; their actions only show the difference that exists between them.

VAL. Then why not wait for actions, if by them alone you can

1

judge of the truthfulness of my heart? Do not suffer your anxious fears to mislead you, and to wrong me. Do not let an unjust suspicion destroy the happiness which is to me dearer than life; but give me time to show you by a thousand proofs the sincerity of my affection.

ELI. Alas! how easily do we allow ourselves to be persuaded by those we love. I believe you, Valère; I feel sure that your heart is utterly incapable of deceiving me, that your love is sincere, and that you will ever remain faithful to me. I will no longer doubt that happiness is near. If I grieve, it will only be over the difficulties of our position, and the possible censures of the world.

VAL. But why even this fear?

ELI. Oh, Valère! if everybody knew you as I do, I should not have much to fear. I find in you enough to justify all I do for you; my heart knows all your merit, and feels, moreover, bound to you by deep gratitude. How can I forget that horrible moment when we met for the first time? Your generous courage in risking your own life to save mine from the fury of the waves; your tender care afterwards; your constant attentions and your ardent love, which neither time nor difficulties can lessen! For me you neglect your parents and your country; you give up your own position in life to be a servant of my father! How can I resist the influence that all this has over me? Is it not enough to justify in my eyes my engagement to you? Yet, who knows if it will be enough to justify it in the eyes of others? and how can I feel sure that my motives will be understood?

VAL. You try in vain to find merit in what I have done; it is by my love alone that I trust to deserve you. As for the scruples you feel, your father himself justifies you but too much before the world; and his avarice and the distant way in which he lives with his children might authorise stranger things still. Forgive me, my dear Élise, for speaking thus of your father before you; but you know that, unfortunately, on this subject no good can be said of him. However, if I can find my parents, as I fully hope I shall, they will soon be favourable to us. I am expecting news of them with great impatience; but if none comes I will go in search of them myself.

ELI. Oh no! Valère, do not leave me, I entreat you. Try rather to ingratiate yourself in my father's favour.

VAL. You know how much I wish it, and you can see how I set about it. You know the skilful manoeuvres I have had to use in order to introduce myself into his service; under what a mask of sympathy and conformity of tastes I disguise my own feelings to please him; and what a part I play to acquire his affection. I succeed wonderfully well, and I feel that to obtain favour with men,

there are no better means than to pretend to be of their way of thinking, to fall in with their maxims, to praise their defects, and to applaud all their doings. One need not fear to overdo it, for however gross the flattery, the most cunning are easily duped; there is nothing so impertinent or ridiculous which they will not believe, provided it be well seasoned with praise. Honesty suffers, I acknowledge; but when we have need of men, we may be allowed without blame to adapt ourselves to their mode of thought; and if we have no other hope of success but through such stratagem, it is not after all the fault of those who flatter, but the fault of those who wish to be flattered.

ELI. Why do you not try also to gain my brother's goodwill, in case the servant should betray our secret?

VAL. I am afraid I cannot humour them both. The temper of the father is so different from that of the son that it would be difficult to be the confidant of both at the same time. Rather try your brother yourself; make use of the love that exists between you to enlist him in our cause. I leave you, for I see him coming. Speak to him, sound him, and see how far we can trust him.

ELI. I greatly fear I shall never have the courage to speak to him of my secret.

SCENE II.

CLÉANTE, ÉLISE.

CLE. I am very glad to find you alone, sister. I longed to speak to you and to tell you a secret.

ELI. I am quite ready to hear you, brother. What is it you have to tell me?

CLE. Many things, sister, summed up in one word--love.

ELI. You love?

CLE. Yes, I love. But, before I say more, let me tell you that I know I depend on my father, and that the name of son subjects me to his will; that it would be wrong to engage ourselves without the consent of the authors of our being; that heaven has made them the masters of our affections, and that it is our duty not to dispose of ourselves but in accordance to their wish; that their judgment is not biassed by their being in love themselves; that they are, therefore, much more likely not to be deceived by appearances, and to judge better what is good for us; that we ought to trust their experience rather than the passion which blinds us; and that the rashness of youth often carries us to the very brink of dangerous abysses. I know all this, my sister, and I tell it you to spare you the trouble of saying it to me, for my love will not let me listen to anything, and I pray you to spare me your remonstrances.

ELI. Have you engaged yourself, brother, to her you love?

CLE. No, but I have determined to do so; and I beseech you once more not to bring forward any reason to dissuade me from it.

ELI. Am I such a very strange person, brother?

CLE. No, dear sister; but you do not love. You know not the sweet power that love has upon our hearts; and I dread your wisdom.

ELI. Alas! my brother, let us not speak of my wisdom. There are very few people in this world who do not lack wisdom, were it only once in their lifetime; and if I opened my heart to you, perhaps you would think me less wise than you are yourself.

CLE. Ah! would to heaven that your heart, like mine ...

ELI. Let us speak of you first, and tell me whom it is you love.

CLE. A young girl who has lately come to live in our neighbourhood, and who seems made to inspire love in all those who behold her. Nature, my dear sister, has made nothing more lovely; and I felt another man the moment I saw her. Her name is Marianne, and she lives with a good, kind mother, who is almost always ill, and for whom the dear girl shows the greatest affection.

She waits upon her, pities and comforts her with a tenderness that would touch you to the very soul. Whatever she undertakes is done in the most charming way; and in all her actions shine a wonderful grace, a most winning gentleness, an adorable modesty, a ... ah! my sister, how I wish you had but seen her.

ELI. I see many things in what you tell me, dear brother; and it is sufficient for me to know that you love her for me to understand what she is.

CLE. I have discovered, without their knowing it, that they are not in very good circumstances, and that, although they live with the greatest care, they have barely enough to cover their expenses. Can you imagine, my sister, what happiness it must be to improve the condition of those we love; skilfully to bring about some relief to the modest wants of a virtuous family? And think what grief it is for me to find myself deprived of this great joy through the avarice of a father, and for it to be impossible for me to give any proof of my love to her who is all in all to me.

ELI. Yes, I understand, dear brother, what sorrow this must be to you.

CLE. It is greater, my sister, than you can believe. For is there anything more cruel than this mean economy to which we are sub- jected? this strange penury in which we are made to pine? What good will it do us to have a fortune if it only comes to us when we are not able to enjoy it; if now to provide for my daily maintenance I get into debt on every side; if both you and I are reduced daily to beg the help of tradespeople in order to have decent clothes to wear? In short, I wanted to speak to you that you might help me to sound my father concerning my present feelings; and if I find him opposed to them, I am determined to go and live elsewhere with this most charming girl, and to make the best of what Providence offers us. I am trying everywhere to raise money for this purpose; and if your circumstances, dear sister, are like mine, and our father opposes us, let us both leave him, and free ourselves from the tyr- anny in which his hateful avarice has for so long held us.

ELI. It is but too true that every day he gives us more and more reason to regret the death of our mother, and that ...

CLE. I hear his voice. Let us go a little farther and finish our talk. We will afterwards join our forces to make a common attack on his hard and unkind heart.

SCENE III.

HARPAGON, LA FLÈCHE.

HAR. Get out of here, this moment; and let me have no more of your prating. Now then, be gone out of my house, you sworn pickpocket, you veritable gallows' bird.

LA FL. (aside). I never saw anything more wicked than this cursed old man; and I truly believe, if I may be allowed to say so, that he is possessed with a devil.

HAR. What are you muttering there between your teeth?

LA FL. Why do you send me away?

HAR. You dare to ask me my reasons, you scoundrel? Out with you, this moment, before I give you a good thrashing.

LA FL. What have I done to you?

HAR. Done this, that I wish you to be off.

LA FL. My master, your son, gave me orders to wait for him.

HAR. Go and wait for him in the street, then; out with you; don't stay in my house, straight and stiff as a sentry, to observe what is going on, and to make your profit of everything. I won't always have before me a spy on all my affairs; a treacherous scamp, whose cursed eyes watch all my actions, covet all I possess, and ferret about in every corner to see if there is anything to steal.

LA FL. How the deuce could one steal anything from you? Are you a man likely to be robbed when you put every possible thing under lock and key, and mount guard day and night?

HAR. I will lock up whatever I think fit, and mount guard when and where I please. Did you ever see such spies as are set upon me to take note of everything I do? (Aside) I tremble for fear he should suspect something of my money. (Aloud) Now, aren't you a fellow to give rise to stories about my having money hid in my house?

LA FL. You have some money hid in your house?

HAR. No, scoundrel! I do not say that. (Aside) I am furious! (Aloud) I only ask if out of mischief you do not spread abroad the report that I have some?

LA FL. Oh! What does it matter whether you have money, or whether you have not, since it is all the same to us?

HAR. (raising his hand to give LA FLÈCHE a blow). Oh! oh! You want to argue, do you? I will give you, and quickly too, some few of these arguments about your ears. Get out of the house, I tell you once more.

LA FL. Very well; very well. I am going.

HAR. No, wait; are you carrying anything away with you?

LA FL. What can I possibly carry away?

HAR. Come here, and let me see. Show me your hands.

LA FL. There they are.

HAR. The others.

LA FL. The others?

HAR. Yes.

LA FL. There they are.

HAR. (pointing to LA FLÈCHE'S breeches). Have you anything hid in here?

LA FL. Look for yourself.

HAR. (feeling the knees of the breeches). These wide knee-breeches are convenient receptacles of stolen goods; and I wish a pair of them had been hanged.

LA FL. (aside). Ah! how richly such a man deserves what he fears, and what joy it would be to me to steal some of his ...

HAR. Eh?

LA FL. What?

HAR. What is it you talk of stealing?

LA FL. I say that you feel about everywhere to see if I have been stealing anything.

HAR. And I mean to do so too. (He feels in LA FLÈCHE'S pockets).

LA FL. Plague take all misers and all miserly ways!

HAR. Eh? What do you say?

LA FL. What do I say?

HAR. Yes. What is it you say about misers and miserly ways.

LA FL. I say plague take all misers and all miserly ways.

HAR. Of whom do you speak?

LA FL. Of misers.

HAR. And who are they, these misers?

LA FL. Villains and stingy wretches!

HAR. But what do you mean by that?

LA FL. Why do you trouble yourself so much about what I say?

HAR. I trouble myself because I think it right to do so.

LA FL. Do you think I am speaking about you?

HAR. I think what I think; but I insist upon your telling me to whom you speak when you say that.

LA FL. To whom I speak? I am speaking to the inside of my hat.

HAR. And I will, perhaps, speak to the outside of your head.

LA FL. Would you prevent me from cursing misers?

HAR. No; but I will prevent you from prating and from being insolent. Hold your tongue, will you?

LA FL. I name nobody.

HAR. Another word, and I'll thrash you.

LA FL. He whom the cap fits, let him wear it.

HAR. Will you be silent?

LA FL. Yes; much against my will.

HAR. Ah! ah!

LA FL. (showing HARPAGON one of his doublet pockets). Just look, here is one more pocket. Are you satisfied?

HAR. Come, give it up to me without all that fuss.

LA FL. Give you what?

HAR. What you have stolen from me.

LA FL. I have stolen nothing at all from you.

HAR. Are you telling the truth?

LA FL. Yes.

HAR. Good-bye, then, and now you may go to the devil.

LA FL. (aside). That's a nice way of dismissing anyone.

HAR. I leave it to your conscience, remember!

SCENE IV.

HARPAGON (alone)

This rascally valet is a constant vexation to me; and I hate the very sight of the good-for-nothing cripple. Really, it is no small anxiety to keep by one a large sum of money; and happy is the man who has all his cash well invested, and who needs not keep by him more than he wants for his daily expenses. I am not a little puzzled to find in the whole of this house a safe hiding-place. Don't speak to me of your strong boxes, I will never trust to them. Why, they are just the very things thieves set upon!

SCENE V.

HARPAGON, ÉLISE and CLÉANTE are seen talking together at the back of the stage.

HAR. (thinking himself alone) Meanwhile, I hardly know

whether I did right to bury in my garden the ten thousand crowns which were paid to me yesterday. Ten thousand crowns in gold is a sum sufficiently ... (Aside, on perceiving ÉLISE and CLÉANTE whispering together) Good heavens! I have betrayed myself; my warmth has carried me away. I believe I spoke aloud while reasoning with myself. (To CLÉANTE and ÉLISE) What do you want?

CLE. Nothing, father.

HAR. Have you been here long?

ELI. We have only just come.

HAR. Did you hear...?

CLE. What, father?

HAR. There...!

CLE. What?

HAR. What I was just now saying.

CLE. No.

HAR. You did. I know you did.

ELI. I beg your pardon, father, but we did not.

HAR. I see well enough that you overheard a few words. The fact is, I was only talking to myself about the trouble one has nowadays to raise any money; and I was saying that he is a fortunate man who has ten thousand crowns in his house.

CLE. We were afraid of coming near you, for fear of intruding.

HAR. I am very glad to tell you this, so that you may not misinterpret things, and imagine that I said that it was I who have ten thousand crowns.

CLE. We do not wish to interfere in your affairs.

HAR. Would that I had them, these ten thousand crowns!

CLE. I should not think that ...

HAR. What a capital affair it would be for me.

CLE. There are things ...

HAR. I greatly need them.

CLE. I fancy that ...

HAR. It would suit me exceedingly well.

ELI. You are ...

HAR. And I should not have to complain, as I do now, that the times are bad.

CLE. Dear me, father, you have no reason to complain; and everyone knows that you are well enough off.

HAR. How? I am well enough off! Those who say it are liars. Nothing can be more false; and they are scoundrels who spread such reports.

ELI. Don't be angry.

HAR. It is strange that my own children betray me and become my enemies.

CLE. Is it being your enemy to say that you have wealth?

HAR. Yes, it is. Such talk and your extravagant expenses will be the cause that some day thieves will come and cut my throat, in the belief that I am made of gold.

CLE. What extravagant expenses do I indulge in?

HAR. What! Is there anything more scandalous than this sumptuous attire with which you jaunt it about the town? I was remonstrating with your sister yesterday, but you are still worse. It cries vengeance to heaven; and were we to calculate all you are wearing, from head to foot, we should find enough for a good annuity. I have told you a hundred times, my son, that your manners displease me exceedingly; you affect the marquis terribly, and for you to be always dressed as you are, you must certainly rob me.

CLE. Rob you? And how?

HAR. How should I know? Where else could you find money enough to clothe yourself as you do?

CLE. I, father? I play; and as I am very lucky, I spend in clothes all the money I win.

HAR. It is very wrong. If you are lucky at play, you should profit by it, and place the money you win at decent interest, so that you may find it again some day. I should like to know, for instance, without mentioning the rest, what need there is for all these ribbons with which you are decked from head to foot, and if half a dozen tags are not sufficient to fasten your breeches. What necessity is there for anyone to spend money upon wigs, when we have hair of our own growth, which costs nothing. I will lay a wager that, in wigs and ribbons alone, there are certainly twenty pistoles spent, and twenty pistoles brings in at least eighteen livres six sous eight deniers per annum, at only eight per cent interest.

CLE. You are quite right.

HAR. Enough on this subject; let us talk of something else. (Aside, noticing CLÉANTE and ÉLISE, who make signs to one another) I believe they are making signs to one another to pick my pocket. (Aloud) What do you mean by those signs?

ELI. We are hesitating as to who shall speak first, for we both have something to tell you.

HAR. And I also have something to tell you both.

CLE. We wanted to speak to you about marriage, father.

HAR. The very thing I wish to speak to you about.

ELI. Ah! my father!

HAR. What is the meaning of that exclamation? Is it the word, daughter, or the thing itself that frightens you?

CLE. Marriage may frighten us both according to the way you take it; and our feelings may perhaps not coincide with your choice.

HAR. A little patience, if you please. You need not be alarmed. I know what is good for you both, and you will have no reason to complain of anything I intend to do. To begin at the beginning. (To CLÉANTE) Do you know, tell me, a young person, called Marianne, who lives not far from here?

CLE. Yes, father.

HAR. And you?

ELI. I have heard her spoken of.

HAR. Well, my son, and how do you like the girl?

CLE. She is very charming.

HAR. Her face?

CLE. Modest and intelligent.

HAR. Her air and manner?

CLE. Perfect, undoubtedly.

HAR. Do you not think that such a girl well deserves to be thought of?

CLE. Yes, father.

HAR. She would form a very desirable match?

CLE. Very desirable.

HAR. That there is every likelihood of her making a thrifty and careful wife.

CLE. Certainly.

HAR. And that a husband might live very happily with her?

CLE. I have not the least doubt about it.

HAR. There is one little difficulty; I am afraid she has not the fortune we might reasonably expect.

CLE. Oh, my father, riches are of little importance when one is sure of marrying a virtuous woman.

HAR. I beg your pardon. Only there is this to be said: that if we do not find as much money as we could wish, we may make it up in something else.

CLE. That follows as a matter of course.

HAR. Well, I must say that I am very much pleased to find that you entirely agree with me, for her modest manner and her gentleness have won my heart; and I have made up my mind to marry

13

her, provided I find she has some dowry.

CLE. Eh!

HAR. What now?

CLE. You are resolved, you say...?

HAR. To marry Marianne.

CLE. Who? you? you?

HAR. Yes, I, I, I. What does all this mean?

CLE. I feel a sudden dizziness, and I must withdraw for a little while.

HAR. It will be nothing. Go quickly into the kitchen and drink a large glass of cold water, it will soon set you all right again.

SCENE VI.

HARPAGON, ÉLISE.

HAR. There goes one of your effeminate fops, with no more stamina than a chicken. That is what I have resolved for myself, my daughter. As to your brother, I have thought for him of a certain widow, of whom I heard this morning; and you I shall give to Mr. Anselme.

ELI. To Mr. Anselme?

HAR. Yes, a staid and prudent man, who is not above fifty, and of whose riches everybody speaks.

ELI. (curtseying). I have no wish to marry, father, if you please.

HAR. (imitating ÉLISE). And I, my little girl, my darling, I wish you to marry, if you please.

ELI. (curtseying again). I beg your pardon, my father.

HAR. (again imitating ÉLISE). I beg your pardon, my daughter.

ELI. I am the very humble servant of Mr. Anselme, but (curtseying again), with your leave, I shall not marry him.

HAR. I am your very humble servant, but (again imitating ÉLISE) you will marry him this very evening.

ELI. This evening?

HAR. This evening.

ELI. (curtseying again). It cannot be done, father.

HAR. (imitating ÉLISE). It will be done, daughter.

ELI. No.

HAR. Yes.

ELI. No, I tell you.

HAR. Yes, I tell you.

ELI. You will never force me to do such a thing

HAR. I will force you to it.

ELI. I had rather kill myself than marry such a man.

HAR. You will not kill yourself, and you will marry him. But did you ever see such impudence? Did ever any one hear a daughter speak in such a fashion to her father?

ELI. But did ever anyone see a father marry his daughter after such a fashion?

HAR. It is a match against which nothing can be said, and I am perfectly sure that everybody will approve of my choice.

ELI. And I know that it will be approved of by no reasonable person.

HAR. (seeing VALÈRE). There is Valère coming. Shall we make him judge in this affair?

ELI. Willingly.

HAR. You will abide by what he says?

ELI. Yes, whatever he thinks right, I will do.

HAR. Agreed.

SCENE VII.

VALÈRE, HARPAGON, ÉLISE.

HAR. Valère, we have chosen you to decide who is in the right, my daughter or I.

VAL. It is certainly you, Sir.

HAR. But have you any idea of what we are talking about?

VAL. No; but you could not be in the wrong; you are reason itself.

HAR. I want to give her to-night, for a husband, a man as rich as he is good; and the hussy tells me to my face that she scorns to take him. What do you say to that?

VAL. What I say to it?

HAR. Yes?

VAL. Eh! eh!

HAR. What?

VAL. I say that I am, upon the whole, of your opinion, and that you cannot but be right; yet, perhaps, she is not altogether wrong; and ...

HAR. How so? Mr. Anselme is an excellent match; he is a nobleman, and a gentleman too; of simple habits, and extremely well off. He has no children left from his first marriage. Could she meet with anything more suitable?

VAL. It is true. But she might say that you are going rather fast, and that she ought to have at least a little time to consider whether her inclination could reconcile itself to ...

HAR. It is an opportunity I must not allow to slip through my fingers. I find an advantage here which I should not find elsewhere, and he agrees to take her without dowry.

VAL. Without dowry?

HAR. Yes.

VAL. Ah! I have nothing more to say. A more convincing reason could not be found; and she must yield to that.

HAR. It is a considerable saving to me.

VAL. Undoubtedly; this admits of no contradiction. It is true that your daughter might represent to you that marriage is a more serious affair than people are apt to believe; that the happiness or misery of a whole life depends on it, and that an engagement which is to last till death ought not to be entered into without great consideration.

HAR. Without dowry!

VAL. That must of course decide everything. There are certainly people who might tell you that on such occasions the wishes of a daughter are no doubt to be considered, and that this great disparity of age, of disposition, and of feelings might be the cause of many an unpleasant thing in a married life.

HAR. Without dowry!

VAL. Ah! it must be granted that there is no reply to that; who in the world could think otherwise? I do not mean to say but that there are many fathers who would set a much higher value on the happiness of their daughter than on the money they may have to give for their marriage; who would not like to sacrifice them to their own interests, and who would, above all things, try to see in a marriage that sweet conformity of tastes which is a sure pledge of honour, tranquillity and joy; and that ...

HAR. Without dowry!

VAL. That is true; nothing more can be said. Without dowry. How can anyone resist such arguments?

HAR. (aside, looking towards the garden). Ah! I fancy I hear a dog barking. Is anyone after my money. (To VALÈRE) Stop here, I'll come back directly.

SCENE VIII.

ÉLISE, VALÈRE.

ELI. Surely, Valère, you are not in earnest when you speak to him in that manner?

VAL. I do it that I may not vex him, and the better to secure my ends. To resist him boldly would simply spoil everything. There are certain people who are only to be managed by indirect means, temperaments averse from all resistance, restive natures whom truth causes to rear, who always kick when we would lead them on the right road of reason, and who can only be led by a way opposed to that by which you wish them to go. Pretend to comply with his wishes; you are much more likely to succeed in the end, and ...

ELI. But this marriage, Valère?

VAL. We will find some pretext for breaking it off.

ELI. But what pretext can we find if it is to be concluded to-night?

VAL. You must ask to have it delayed, and must feign some illness or other.

ELI. But he will soon discover the truth if they call in the doctor.

VAL. Not a bit of it. Do you imagine that a doctor understands what he is about? Nonsense! Don't be afraid. Believe me, you may complain of any disease you please, the doctor will be at no loss to explain to you from what it proceeds.

SCENE IX

HARPAGON, ÉLISE, VALÈRE.

HAR. (alone, at the farther end of the stage). It is nothing, thank heaven!

VAL. (not seeing HARPAGON). In short, flight is the last resource we have left us to avoid all this; and if your love, dear Élise, is as strong as ... (Seeing HARPAGON) Yes, a daughter is bound to obey her father. She has no right to inquire what a husband offered to her is like, and when the most important question, "without dowry," presents itself, she should accept anybody that is given her.

HAR. Good; that was beautifully said!

VAL. I beg your pardon, Sir, if I carry it a little too far, and take upon myself to speak to her as I do.

HAR. Why, I am delighted, and I wish you to have her entirely under your control. (To ÉLISE) Yes, you may run away as much as you like. I give him all the authority over you that heaven has given me, and I will have you do all that he tells you.

VAL. After that, resist all my expostulations, if you can.

SCENE X.

HARPAGON, VALÈRE.

VAL. I will follow her, Sir, if you will allow me, and will continue the lecture I was giving her.

HAR. Yes, do so; you will oblige me greatly.

VAL. She ought to be kept in with a tight hand.

HAR. Quite true, you must....

VAL. Do not be afraid; I believe I shall end by convincing her.

HAR. Do so, do so. I am going to take a short stroll in the town, and I will come back again presently.

VAL. (going towards the door through which ÉLISE left, and speaking as if it were to her). Yes, money is more precious than anything else in the world, and you should thank heaven that you have so worthy a man for a father. He knows what life is. When a man offers to marry a girl without a dowry, we ought to look no farther. Everything is comprised in that, and "without dowry" compensates for want of beauty, youth, birth, honour, wisdom, and probity.

HAR. Ah! the honest fellow! he speaks like an oracle. Happy is he who can secure such a servant!

ACT II.

SCENE I.

CLÉANTE, LA FLÈCHE.

CLE. How now, you rascal! where have you been hiding? Did I not give you orders to...?

LA FL. Yes, Sir, and I came here resolved to wait for you without stirring, but your father, that most ungracious of men, drove me into the street in spite of myself, and I well nigh got a good drubbing into the bargain.

CLE. How is our affair progressing? Things are worse than ever for us, and since I left you, I have discovered that my own father is my rival.

LA FL. Your father in love?

CLE. It seems so; and I found it very difficult to hide from him what I felt at such a discovery.

LA FL. He meddling with love! What the deuce is he thinking of? Does he mean to set everybody at defiance? And is love made for people of his build?

CLE. It is to punish me for my sins that this passion has entered his head.

LA FL. But why do you hide your love from him?

CLE. That he may not suspect anything, and to make it more easy for me to fall back, if need be, upon some device to prevent this marriage. What answer did you receive?

LA FL. Indeed, Sir, those who borrow are much to be pitied, and we must put up with strange things when, like you, we are forced to pass through the hands of the usurers.

CLE. Then the affair won't come off?

LA FL. Excuse me; Mr. Simon, the broker who was recommended to us, is a very active and zealous fellow, and says he has left no stone unturned to help you. He assures me that your looks alone have won his heart.

CLE. Shall I have the fifteen thousand francs which I want?

LA FL. Yes, but under certain trifling conditions, which you must accept if you wish the bargain to be concluded.

CLE. Did you speak to the man who is to lend the money?

LA FL. Oh! dear no. Things are not done in that way. He is still more anxious than you to remain unknown. These things are greater mysteries than you think. His name is not by any means to be divulged, and he is to be introduced to you to-day at a house provided by him, so that he may hear from yourself all about your position and your family; and I have not the least doubt that the mere name of your father will be sufficient to accomplish what you wish.

CLE. Particularly as my mother is dead, and they cannot deprive me of what I inherit from her.

LA FL. Well, here are some of the conditions which he has himself dictated to our go-between for you to take cognisance of, before anything is begun.

"Supposing that the lender is satisfied with all his securities, and that the borrower is of age and of a family whose property is ample, solid, secure, and free from all incumbrances, there shall be drawn up a good and correct bond before as honest a notary as it is possible to find, and who for this purpose shall be chosen by the lender, because he is the more concerned of the two that the bond should be rightly executed."

CLE. There is nothing to say against that.

LA FL. "The lender, not to burden his conscience with the least scruple, does not wish to lend his money at more than five and a half per cent."

CLE. Five and a half per cent? By Jove, that's honest! We have nothing to complain of.

LA FL. That's true.

"But as the said lender has not in hand the sum required, and as, in order to oblige the borrower, he is himself obliged to borrow from another at the rate of twenty per cent., it is but right that the said first borrower shall pay this interest, without detriment to the rest; since it is only to oblige him that the said lender is himself forced to borrow."

CLE. The deuce! What a Jew! what a Turk we have here! That is more than twenty-five per cent.

LA FL. That's true; and it is the remark I made. It is for you to consider the matter before you act.

CLE. How can I consider? I want the money, and I must therefore accept everything.

LA FL. That is exactly what I answered.

CLE. Is there anything else?

LA FL. Only a small item.

"Of the fifteen thousand francs which are demanded, the lender will only be able to count down twelve thousand in hard cash; instead of the remaining three thousand, the borrower will have to take the chattels, clothing, and jewels, contained in the following catalogue, and which the said lender has put in all good faith at the lowest possible figure."

CLE. What is the meaning of all that?

LA FL. I'll go through the catalogue:--

"Firstly:--A fourpost bedstead, with hangings of Hungary lace very elegantly trimmed with olive-coloured cloth, and six chairs and a counterpane to match; the whole in very good condition, and lined with soft red and blue shot-silk. Item:--the tester of good pale pink Aumale serge, with the small and the large fringes of silk."

CLE. What does he want me to do with all this?

LA FL. Wait.

"Item:--Tapestry hangings representing the loves of Gombaud and Macée.[1] Item:--A large walnut table with twelve columns or turned legs, which draws out at both ends, and is provided beneath with six stools."

CLE. Hang it all! What am I to do with all this?

LA FL. Have patience.

"Item:--Three large matchlocks inlaid with mother-of-pearl, with rests to correspond. Item:--A brick furnace with two retorts and three receivers, very useful to those who have any taste for distilling."

CLE. You will drive me crazy.

LA FL. Gently!

"Item:--A Bologna lute with all its strings, or nearly all. Item:--A pigeon-hole table and a draught-board, and a game of mother goose, restored from the Greeks, most useful to pass the time when one has nothing to do. Item:--A lizard's skin, three feet and a half in length, stuffed with hay, a pleasing curiosity to hang on the ceiling of a room. The whole of the above-mentioned articles are really worth more than four thousand five hundred francs, and are reduced to the value of a thousand crowns through the considerateness of the lender."

CLE. Let the plague choke him with his considerateness, the wretch, the cut-throat that he is! Did ever anyone hear of such usury? Is he not satisfied with the outrageous interest he asks that he must force me to take, instead of the three thousand francs, all the old rubbish which he picks up. I shan't get two hundred crowns for all that, and yet I must bring myself to yield to all his wishes; for he is in a position to force me to accept everything, and he has me, the villain, with a knife at my throat.

LA FL. I see you, Sir, if you'll forgive my saying so, on the highroad followed by Panurge[2] to ruin himself--taking money in advance, buying dear, selling cheap, and cutting your corn while it is still grass.

CLE. What would you have me do? It is to this that young men are reduced by the accursed avarice of their fathers; and people are astonished after that, that sons long for their death.

LA FL. No one can deny that yours would excite against his meanness the most quiet of men. I have not, thank God, any inclination gallows-ward, and among my colleagues whom I see dabbling in various doubtful affairs, I know well enough how to keep myself out of hot water, and how to keep clear of all those things which savour ever so little of the ladder; but to tell you the truth, he almost gives me, by his ways of going on, the desire of robbing him, and I should think that in doing so I was doing a meritorious action.

CLE. Give me that memorandum that I may have another look at it.

SCENE II.

HARPAGON, MR. SIMON (CLÉANTE and LA FLÈCHE at the back of the stage).

SIM. Yes, Sir; it is a young man who is greatly in want of money; his affairs force him to find some at any cost, and he will submit to all your conditions.

HAR. But are you sure, Mr. Simon, that there is no risk to run in this case? and do you know the name, the property, and the family of him for whom you speak?

SIM. No; I cannot tell you anything for certain, as it was by mere chance that I was made acquainted with him; but he will tell you everything himself, and his servant has assured me that you will be quite satisfied when you know who he is. All I can tell you is that his family is said to be very wealthy, that he has already lost his mother, and that he will pledge you his word, if you insist upon it, that his father will die before eight months are passed.

HAR. That is something. Charity, Mr. Simon, demands of us to gratify people whenever we have it in our power.

SIM. Evidently.

LA FL. (aside to CLÉANTE, on recognising MR. SIMON). What does this mean? Mr. Simon talking with your father!

CLE. (aside to LA FLÈCHE). Has he been told who I am, and would you be capable of betraying me?

SIM. (to CLÉANTE and LA FLÈCHE). Ah! you are in good time! But who told you to come here? (To HARPAGON) It was certainly not I who told them your name and address; but I am of opinion that there is no great harm done; they are people who can be trusted, and you can come to some understanding together.

HAR. What!

SIM. (showing CLÉANTE). This is the gentleman who wants to borrow the fifteen thousand francs of which I have spoken to you.

HAR. What! miscreant! is it you who abandon yourself to such excesses?

CLE. What! father! is it you who stoop to such shameful deeds?

(MR. SIMON runs away, and LA FLÈCHE hides himself.)

SCENE III.

HARPAGON, CLÉANTE.

HAR. It is you who are ruining yourself by loans so greatly to be condemned!

CLE. So it is you who seek to enrich yourself by such criminal usury!

HAR. And you dare, after that, to show yourself before me?

CLE. And you dare, after that, to show yourself to the world?

HAR. Are you not ashamed, tell me, to descend to these wild excesses, to rush headlong into frightful expenses, and disgracefully to dissipate the wealth which your parents have amassed with so much toil.

CLE. Are you not ashamed of dishonouring your station by such dealings, of sacrificing honour and reputation to the insatiable desire of heaping crown upon crown, and of outdoing the most infamous devices that have ever been invented by the most notorious usurers?

HAR. Get out of my sight, you reprobate; get out of my sight!

CLE. Who is the more criminal in your opinion: he who buys the money of which he stands in need, or he who obtains, by unfair means, money for which he has no use?

HAR. Begone, I say, and do not provoke me to anger. (Alone) After all, I am not very much vexed at this adventure; it will be a lesson to me to keep a better watch over all his doings.

SCENE IV.

FROSINE, HARPAGON.

FRO. Sir.

HAR. Wait a moment, I will come back and speak to you. (Aside) I had better go and see a little after my money.

SCENE V.

LA FLÈCHE, FROSINE.

LA FL. (without seeing FROSINE). The adventure is most comical. Hidden somewhere he must have a large store of goods of all kinds, for the list did not contain one single article which either of us recognised.

FRO. Hallo! is it you, my poor La Flèche? How is it we meet here?

LA FL. Ah! ah! it is you, Frosine; and what have you come to do here?

FRO. What have I come to do? Why! what I do everywhere else, busy myself about other people's affairs, make myself useful to the community in general, and profit as much as I possibly can by the small talent I possess. Must we not live by our wits in this world? and what other resources have people like me but intrigue and cunning?

LA FL. Have you, then, any business with the master of this house?

FRO. Yes. I am transacting for him a certain small matter for which he is pretty sure to give me a reward.

LA FL. He give you a reward! Ah! ah! Upon my word, you will be 'cute if you ever get one, and I warn you that ready money is very scarce hereabouts.

FRO. That may be, but there are certain services which wonderfully touch our feelings.

LA FL. Your humble servant; but as yet you don't know Harpagon. Harpagon is the human being of all human beings the least humane, the mortal of all mortals the hardest and closest. There is no service great enough to induce him to open his purse. If, indeed, you want praise, esteem, kindness, and friendship, you are welcome to any amount; but money, that's a different affair. There is nothing more dry, more barren, than his favour and his good grace, and "give" is a word for which he has such a strong dislike that he never says I give, but I lend, you a good morning.

FRO. That's all very well; but I know the art of fleecing men. I have a secret of touching their affections by flattering their hearts, and of finding out their weak points.

LA FL. All useless here. I defy you to soften, as far as money is concerned, the man we are speaking of. He is a Turk on that point, of a Turkishness to drive anyone to despair, and we might starve in his presence and never a peg would he stir. In short, he loves money better than reputation, honour, and virtue, and the mere sight of anyone making demands upon his purse sends him into convulsions; it is like striking him in a vital place, it is piercing him to the heart, it is like tearing out his very bowels! And if ... But here he comes again; I leave you.

SCENE VI.

HARPAGON, FROSINE.

HAR. (aside). All is as it should be. (To FROSINE) Well, what is it, Frosine?

FRO. Bless me, how well you look! You are the very picture of health.

HAR. Who? I?

FRO. Never have I seen you looking more rosy, more hearty.

HAR. Are you in earnest?

FRO. Why! you have never been so young in your life; and I know many a man of twenty-five who looks much older than you do.

HAR. And yet, Frosine, I have passed threescore.

FRO. Threescore! Well, and what then? You don't mean to make a trouble of that, do you? It's the very flower of manhood, the threshold of the prime of life.

HAR. True; but twenty years less would do me no harm, I think.

FRO. Nonsense! You've no need of that, and you are of a build to last out a hundred.

HAR. Do you really think so?

FRO. Decidedly. You have all the appearance of it. Hold yourself up a little. Ah! what a sign of long life is that line there straight between your two eyes!

HAR. You know all about that, do you?

FRO. I should think I do. Show me your hand. [3] [Footnote: Frosine professes a knowledge of palmistry.] Dear me, what a line of life there is there!

HAR. Where?

FRO. Don't you see how far this line goes?

HAR. Well, and what does it mean?

FRO. What does it mean? There ... I said a hundred years; but no, it is one hundred and twenty I ought to have said.

HAR. Is it possible?

FRO. I tell you they will have to kill you, and you will bury your children and your children's children.

HAR. So much the better! And what news of our affair?

FRO. Is there any need to ask? Did ever anyone see me begin anything and not succeed in it? I have, especially for matchmaking, the most wonderful talent. There are no two persons in the world I could not couple together; and I believe that, if I took it into my head, I could make the Grand Turk marry the Republic of Venice.[4] But we had, to be sure, no such difficult thing to achieve in this matter. As I know the ladies very well, I told them every particular about you; and I acquainted the mother with your intentions towards Marianne since you saw her pass in the street and enjoy the fresh air out of her window.

HAR. What did she answer...?

FRO. She received your proposal with great joy; and when I told her that you wished very much that her daughter should come to-night to assist at the marriage contract which is to be signed for your own daughter, she assented at once, and entrusted her to me for the purpose.

HAR. You see, Frosine, I am obliged to give some supper to Mr. Anselme, and I should like her to have a share in the feast.

FRO. You are quite right. She is to come after dinner to pay a visit to your daughter; then she means to go from here to the fair, and return to your house just in time for supper.

HAR. That will do very well; they shall go together in my carriage, which I will lend them.

FRO. That will suit her perfectly.

HAR. But I say, Frosine, have you spoken to the mother about the dowry she can give her daughter? Did you make her understand that under such circumstances she ought to do her utmost and to make a great sacrifice? For, after all, one does not marry a girl without her bringing something with her.

FRO. How something! She is a girl who will bring you a clear twelve thousand francs a year?

HAR. Twelve thousand francs a year?

FRO. Yes! To begin with, she has been nursed and brought up with the strictest notions of frugality. She is a girl accustomed to live upon salad, milk, cheese, and apples, and who consequently will require neither a well served up table, nor any rich broth, nor your everlasting peeled barley; none, in short, of all those delicacies that another woman would want. This is no small matter, and may well amount to three thousand francs yearly. Besides this, she only cares for simplicity and neatness; she will have none of those splendid dresses and rich jewels, none of that sumptuous furniture in which girls like her indulge so extravagantly; and this item is worth more than four thousand francs per annum. Lastly, she has the deepest aversion to gambling; and this is not very common nowadays among women. Why, I know of one in our neighbour-hood who lost at least twenty thousand francs this year. But let us reckon only a fourth of that sum. Five thousand francs a year at play and four thousand in clothes and jewels make nine thousand; and three thousand francs which we count for food, does it not make your twelve thousand francs?

HAR. Yes, that's not bad; but, after all, that calculation has nothing real in it.

FRO. Excuse me; is it nothing real to bring you in marriage a great sobriety, to inherit a great love for simplicity in dress, and the acquired property of a great hatred for gambling?

HAR. It is a farce to pretend to make up a dowry with all the expenses she will not run into. I could not give a receipt for what I do not receive; and I must decidedly get something.

FRO. Bless me! you will get enough; and they have spoken to me of a certain country where they have some property, of which you will be master.

HAR. We shall have to see to that. But, Frosine, there is one more thing that makes me uneasy. The girl is young, you know; and young people generally like those who are young like themselves, and only care for the society of the young. I am afraid that a man of my age may not exactly suit her taste, and that this may occasion in my family certain complications that would in nowise be pleasant to me.

FRO. Oh, how badly you judge her! This is one more peculiarity of which I had to speak to you. She has the greatest detestation to all young men, and only likes old people.

HAR. Does she?

FRO. I should like you to hear her talk on that subject; she cannot bear at all the sight of a young man, and nothing delights her more than to see a fine old man with a venerable beard. The oldest are to her the most charming, and I warn you beforehand not to go and make yourself any younger than you really are. She wishes for one sixty years old at least; and it is not more than six months ago that on the very eve of being married she suddenly broke off the match on learning that her lover was only fifty-six years of age, and did not put on spectacles to sign the contract.

HAR. Only for that?

FRO. Yes; she says there is no pleasure with a man of fifty-six; and she has a decided affection for those who wear spectacles.

HAR. Well, this is quite new to me.

FRO. No one can imagine how far she carries this. She has in her room a few pictures and engravings, and what do you imagine they are? An Adonis, a Cephalus, a Paris, an Apollo? Not a bit of it! Fine portraits of Saturn, of King Priam, of old Nestor, and of good father Anchises on his son's shoulders.

HAR. That's admirable. I should never have guessed such a thing; and I am very pleased to hear that she has such taste as this. Indeed had I been a woman, I should never have loved young fellows.

FRO. I should think not. Fine trumpery indeed, these young men, for any one to fall in love with. Fine jackanapes and puppies for a woman to hanker after. I should like to know what relish anyone can find in them?

HAR. Truly; I don't understand it myself, and I cannot make

out how it is that some women dote so on them.

FRO. They must be downright idiots. Can any one be in his senses who thinks youth amiable? Can those curly-pated coxcombs be men, and can one really get attached to such animals?

HAR. Exactly what I say every day! With their effeminate voices, their three little bits of a beard turned up like cat's whiskers, their tow wigs, their flowing breeches and open breasts!

FRO. Yes; they are famous guys compared with yourself. In you we see something like a man. There is enough to satisfy the eye. It is thus that one should be made and dressed to inspire love.

HAR. Then you think I am pretty well?

FRO. Pretty well! I should think so; you are charming, and your face would make a beautiful picture. Turn round a little, if you please. You could not find anything better anywhere. Let me see you walk. You have a well-shaped body, free and easy, as it should be, and one which gives no sign of infirmity.

HAR. I have nothing the matter to speak of, I am thankful to say. It is only my cough, which returns from time to time.[5]

FRO. That is nothing, and coughing becomes you exceedingly well.

HAR. Tell me, Frosine, has Marianne seen me yet? Has she not noticed me when I passed by?

FRO. No; but we have had many conversations about you. I gave her an exact description of your person, and I did not fail to make the most of your merit, and to show her what an advantage it would be to have a husband like you.

HAR. You did right, and I thank you very much for it.

FRO. I have, Sir, a small request to make to you. I am in danger of losing a lawsuit for want of a little money (HARPAGON looks grave), and you can easily help me with it, if you have pity upon me. You cannot imagine how happy she will be to see you. (HARPAGON looks joyful.) Oh! how sure you are to please her, and how sure that antique ruff of yours is to produce a wonderful effect on her mind. But, above all, she will be delighted with your breeches fastened to your doublet with tags; that will make her mad after you, and a lover who wears tags will be most welcome to her.

HAR. You send me into raptures, Frosine, by saying that.

FRO. I tell you the truth, Sir; this lawsuit is of the utmost importance for me. (HARPAGON looks serious again.) If I lose it, I am for ever ruined; but a very small sum will save me. I should like you to have seen the happiness she felt when I spoke of you to her. (HARPAGON looks pleased again.) Joy sparkled in her eyes while I told her of all your good qualities; and I succeeded, in short, in making her look forward with the greatest impatience to the conclusion of the match.

HAR. You have given me great pleasure, Frosine, and I assure you I ...

FRO. I beg of you, Sir, to grant me the little assistance I ask of you. (HARPAGON again looks grave.) It will put me on my feet again, and I shall feel grateful to you for ever.

HAR. Good-bye; I must go and finish my correspondence.

FRO. I assure you, Sir, that you could not help me in a more pressing necessity.

HAR. I will see that my carriage is ready to take you to the fair.

FRO. I would not importune you so if I were not compelled by necessity.

HAR. And I will see that we have supper early, so that nobody may be ill.

FRO. Do not refuse me the service; I beg of you. You can hardly believe, Sir, the pleasure that ...

HAR. I must go; somebody is calling me. We shall see each other again by and by.

FRO. (alone). May the fever seize you, you stingy cur, and send you to the devil and his angels! The miser has held out against all my attacks; but I must not drop the negotiation; for I have the other side, and there, at all events, I am sure of a good reward.

ACT III.

SCENE I.

HARPAGON, CLÉANTE, ÉLISE, VALÈRE, DAME CLAUDE (holding a broom), MASTER JACQUES, LA MERLUCHE, BRINDAVOINE.

HAR. Here, come here, all of you; I must give you orders for by and by, and arrange what each one will have to do. Come nearer, Dame Claude; let us begin with you. (Looking at her broom.) Good; you are ready armed, I see. To you I commit the care of cleaning up everywhere; but, above all, be very careful not to rub the furniture too hard, for fear of wearing it out. Besides this, I put the bottles under your care during supper, and if any one of them is missing, or if anything gets broken, you will be responsible for it, and pay it out of your wages.

JAC. (aside). A shrewd punishment that.

HAR. (to DAME CLAUDE.) Now you may go.

SCENE II.

HARPAGON, CLÉANTE, ÉLISE, VALÈRE, MASTER JACQUES, BRINDAVOINE, LA MERLUCHE.

HAR. To you, Brindavoine, and to you, La Merluche, belongs the duty of washing the glasses, and of giving to drink, but only when people are thirsty, and not according to the custom of certain impertinent lackeys, who urge them to drink, and put the idea into their heads when they are not thinking about it. Wait until you have been asked several times, and remember always to have plenty of water.

JAC. (aside). Yes; wine without water gets into one's head.

LA MER. Shall we take off our smocks, Sir?

HAR. Yes, when you see the guests coming; but be very careful not to spoil your clothes.

BRIND. You know, Sir, that one of the fronts of my doublet is covered with a large stain of oil from the lamp.

LA MER. And I, Sir, that my breeches are all torn behind, and that, saving your presence ...

HAR. (to LA MERLUCHE). Peace! Turn carefully towards the wall, and always face the company. (To BRINDAVOINE, showing him how he is to hold his hat before his doublet, to hide the stain of oil) And you, always hold your hat in this fashion when you wait on the guests.

SCENE III.

HARPAGON, CLÉANTE, ÉLISE, VALÈRE, MASTER JACQUES.

HAR. As for you, my daughter, you will look after all that is cleared off the table, and see that nothing is wasted: this care is very becoming to young girls. Meanwhile get ready to welcome my lady-love, who is coming this afternoon to pay you a visit, and will take you off to the fair with her. Do you understand what I say?

ELI. Yes, father.

SCENE IV.

HARPAGON, CLÉANTE, VALÈRE, MASTER JACQUES.

HAR. And you, my young dandy of a son to whom I have the kindness of forgiving what happened this morning, mind you don't receive her coldly, or show her a sour face.

CLE. Receive her coldly! And why should I?

HAR. Why? why? We know pretty well the ways of children whose fathers marry again, and the looks they give to those we call stepmothers. But if you wish me to forget your last offence, I advise you, above all things, to receive her kindly, and, in short, to give her the heartiest welcome you can.

CLE. To speak the truth, father, I cannot promise you that I am very happy to see her become my stepmother; but as to receiving her properly, and as to giving her a kind welcome, I promise to obey you in that to the very letter.

HAR. Be careful you do, at least.

CLE. You will see that you have no cause to complain.

HAR. You will do wisely.

SCENE V.

HARPAGON, VALÈRE, MASTER JACQUES.

HAR. Valère, you will have to give me your help in this business. Now, Master Jacques, I kept you for the last.

JAC. Is it to your coachman, Sir, or to your cook you want to speak, for I am both the one and the other?

HAR. To both.

JAC. But to which of the two first?

HAR. To the cook.

JAC. Then wait a minute, if you please. (JACQUES takes off his stable-coat and appears dressed as a cook.)

HAR. What the deuce is the meaning of this ceremony?

JAC. Now I am at your service.

HAR. I have engaged myself, Master Jacques, to give a supper to-night.

JAC. (aside). Wonderful!

HAR. Tell me, can you give us a good supper?

JAC. Yes, if you give me plenty of money.

HAR. The deuce! Always money! I think they have nothing else to say except money, money, money! Always that same word in their mouth, money! They always speak of money! It's their pillow companion, money!

VAL. Never did I hear such an impertinent answer! Would you call it wonderful to provide good cheer with plenty of money? Is it not the easiest thing in the world? The most stupid could do as much. But a clever man should talk of a good supper with little money.

JAC. A good supper with little money?

VAL. Yes.

JAC. (to VALÈRE). Indeed, Mr. Steward, you will oblige me greatly by telling me your secret, and also, if you like, by filling my place as cook; for you keep on meddling here, and want to be everything.

HAR. Hold your tongue. What shall we want?

JAC. Ask that of Mr. Steward, who will give you good cheer with little money.

HAR. Do you hear? I am speaking to you, and expect you to answer me.

JAC. How many will there be at your table?

HAR. Eight or ten; but you must only reckon for eight. When there is enough for eight, there is enough for ten.

VAL. That is evident.

JAC. Very well, then; you must have four tureens of soup and five side dishes; soups, entrées ...

HAR. What! do you mean to feed a whole town?

JAC. Roast ...

HAR. (clapping his hand on MASTER JACQUES' mouth). Ah! Wretch! you are eating up all my substance.

JAC. Entremêts ...

HAR. (again putting his hand on JACQUES' mouth). More still?

VAL. (to JACQUES). Do you mean to kill everybody? And has your master invited people in order to destroy them with over-feeding? Go and read a little the precepts of health, and ask the doctors if there is anything so hurtful to man as excess in eating.

HAR. He is perfectly right.

VAL. Know, Master Jacques, you and people like you, that a table overloaded with eatables is a real cut-throat; that, to be the true friends of those we invite, frugality should reign throughout the repast we give, and that according to the saying of one of the ancients, "We must eat to live, and not live to eat."

HAR. Ah! How well the man speaks! Come near, let me embrace you for this last saying. It is the finest sentence that I have ever heard in my life: "We must live to eat, and not eat to live." No; that isn't it. How do you say it?

VAL. That we must eat to live, and not live to eat.

HAR. (to MASTER JACQUES). Yes. Do you hear that? (To VALÈRE) Who is the great man who said that?

VAL. I do not exactly recollect his name just now.

HAR. Remember to write down those words for me. I will have them engraved in letters of gold over the mantel-piece of my dining-room.

VAL. I will not fail. As for your supper, you had better let me manage it. I will see that it is all as it should be.

HAR. Do so.

JAC. So much the better; all the less work for me.

HAR. (to VALÈRE). We must have some of those things of which it is not possible to eat much, and that satisfy directly. Some good fat beans, and a pâté well stuffed with chestnuts.

VAL. Trust to me.

HAR. Now, Master Jacques, you must clean my carriage.

JAC. Wait a moment; this is to the coachman. (JACQUES puts on his coat.) You say ...

HAR. That you must clean my carriage, and have my horses ready to drive to the fair.

JAC. Your horses! Upon my word, Sir, they are not at all in a condition to stir. I won't tell you that they are laid up, for the poor things have got nothing to lie upon, and it would not be telling the truth. But you make them keep such rigid fasts that they are nothing but phantoms, ideas, and mere shadows of horses.

HAR. They are much to be pitied. They have nothing to do.

JAC. And because they have nothing to do, must they have nothing to eat? It would be much better for them, poor things, to work much and eat to correspond. It breaks my heart to see them so reduced; for, in short, I love my horses; and when I see them suffer, it seems as if it were myself. Every day I take the bread out of my own mouth to feed them; and it is being too hard-hearted, Sir, to have no compassion upon one's neighbour.

HAR. It won't be very hard work to go to the fair.

JAC. No, Sir. I haven't the heart to drive them; it would go too much against my conscience to use the whip to them in the state they are in. How could you expect them to drag a carriage? They have not even strength enough to drag themselves along.

VAL. Sir, I will ask our neighbour, Picard, to drive them; particularly as we shall want his help to get the supper ready.

JAC. Be it so. I had much rather they should die under another's hand than under mine.

VAL. Master Jacques is mightily considerate.

JAC. Mr. Steward is mightily indispensable.

HAR. Peace.

JAC. Sir, I can't bear these flatteries, and I can see that, whatever this man does, his continual watching after the bread, wine, wood, salt, and candles, is done but to curry favour and to make his court to you. I am indignant to see it all; and I am sorry to hear every day what is said of you; for, after all, I have a certain tenderness for you; and, except my horses, you are the person I like most in the world.

HAR. And I would know from you, Master Jacques, what it is that is said of me.

JAC. Yes, certainly, Sir, if I were sure you would not get angry with me.

HAR. No, no; never fear.

JAC. Excuse me, but I am sure you will be angry.

HAR. No, on the contrary, you will oblige me. I should be glad to know what people say of me.

JAC. Since you wish it, Sir, I will tell you frankly that you are the laughing-stock of everybody; that they taunt us everywhere by a thousand jokes on your account, and that nothing delights people more than to make sport of you, and to tell stories without end about your stinginess. One says that you have special almanacks printed, where you double the ember days and vigils, so that you may profit by the fasts to which you bind all your house; another, that you always have a ready-made quarrel for your servants at Christmas time or when they leave you, so that you may give them nothing. One tells a story how not long since you prosecuted a neighbour's cat because it had eaten up the remainder of a leg of mutton; another says that one night you were caught stealing your horses' oats, and that your coachman,--that is the man who was before me,--gave you, in the dark, a good sound drubbing, of which you said nothing. In short, what is the use of going on? We can go nowhere but we are sure to hear you pulled to pieces. You are the butt and jest and byword of everybody; and never does anyone mention you but under the names of miser, stingy, mean, niggardly fellow and usurer.

HAR. (beating JACQUES). You are a fool, a rascal, a scoundrel, and an impertinent wretch.

JAC. There, there! Did not I know how it would be? You would not believe me. I told you I should make you angry if I spoke the truth?

HAR. Learn how to speak.

SCENE VI.

VALÈRE, MASTER JACQUES.

VAL. (laughing). Well, Master Jacques, your frankness is badly rewarded, I fear.

JAC. S'death! Mr. Upstart, you who assume the man of consequence, it is no business of yours as far as I can see. Laugh at your own cudgelling when you get it, and don't come here and laugh at mine.

VAL. Ah! Master Jacques, don't get into a passion, I beg of you.

JAC. (aside). He is drawing in his horns. I will put on a bold face, and if he is fool enough to be afraid of me, I will pay him back somewhat. (To VALÈRE) Do you know, Mr. Grinner, that I am not exactly in a laughing humour, and that if you provoke me too much, I shall make you laugh after another fashion. (JACQUES pushes VALÈRE to the farther end of the stage, threatening him.)

VAL. Gently, gently.

JAC. How gently? And if it does not please me to go gently?

VAL. Come, come! What are you about?

JAC. You are an impudent rascal.

VAL. Master Jacques....

JAC. None of your Master Jacques here! If I take up a stick, I shall soon make you feel it.

VAL. What do you mean by a stick? (Drives back JACQUES in his turn.)

JAC. No; I don't say anything about that.

VAL. Do you know, Mr. Conceit, that I am a man to give you a drubbing in good earnest?

JAC. I have no doubt of it.

VAL. That, after all, you are nothing but a scrub of a cook?

JAC. I know it very well.

VAL. And that you don't know me yet?

JAC. I beg your pardon.

VAL. You will beat me, you say?

JAC. I only spoke in jest.

VAL. I don't like your jesting, and (beating JACQUES) remember that you are but a sorry hand at it.

JAC. (alone). Plague take all sincerity; it is a bad trade. I give it up for the future, and will cease to tell the truth. It is all very well for my master to beat me; but as for that Mr. Steward, what right has he to do it? I will be revenged on him if I can.

SCENE VII.

MARIANNE, FROSINE, MASTER JACQUES.

FRO. Do you know if your master is at home?

JAC. Yes, he is indeed; I know it but too well.

FRO. Tell him, please, that we are here.

SCENE VIII.

MARIANNE, FROSINE.

MAR. Ah! Frosine, how strange I feel, and how I dread this interview!

FRO. Why should you? What can you possibly dread?

MAR. Alas! can you ask me? Can you not understand the alarms of a person about to see the instrument of torture to which she is to be tied.

FRO. I see very well that to die agreeably, Harpagon is not the torture you would embrace; and I can judge by your looks that the fair young man you spoke of to me is still in your thoughts.

MAR. Yes, Frosine; it is a thing I do not wish to deny. The respectful visits he has paid at our house have left, I confess, a great impression on my heart.

FRO. But do you know who he is?

MAR. No, I do not. All I know is that he is made to be loved; that if things were left to my choice, I would much rather marry him than any other, and that he adds not a little to the horrible dread that I have of the husband they want to force upon me.

FRO. Oh yes! All those dandies are very pleasant, and can talk agreeably enough, but most of them are as poor as church mice; and it is much better for you to marry an old husband, who gives you plenty of money. I fully acknowledge that the senses somewhat clash with the end I propose, and that there are certain little inconveniences to be endured with such a husband; but all that won't last; and his death, believe me, will soon put you in a position to take a more pleasant husband, who will make amends for all.

MAR. Oh, Frosine! What a strange state of things that, in order to be happy, we must look forward to the death of another. Yet death will not fall in with all the projects we make.

FRO. You are joking. You marry him with the express understanding that he will soon leave you a widow; it must be one of the articles of the marriage contract. It would be very wrong in him not to die before three months are over. Here he is himself.

MAR. Ah! dear Frosine, what a face!

SCENE IX.

HARPAGON, MARIANNE, FROSINE.

HAR. (to MARIANNE). Do not be offended, fair one, if I come to you with my glasses on. I know that your beauty is great enough to be seen with the naked eye; but, still, it is with glasses that we look at the stars, and I maintain and uphold that you are a star, the most beautiful and in the land of stars. Frosine, she does not answer, star, it seems to me, shows no joy at the sight of me.

FRO. It is because she is still quite awe-struck, and young girls are always shy at first, and afraid of showing what they feel.

HAR. (to FROSINE). You are right. (To MARIANNE) My pretty darling, there is my daughter coming to welcome you.

SCENE X.

HARPAGON, ÉLISE, MARIANNE, FROSINE.

MAR. I am very late in acquitting myself of the visit I owed you.

ELI. You have done what I ought to have done. It was for me to have come and seen you first.

HAR. You see what a great girl she is; but ill weeds grow apace.

MAR. (aside to FROSINE). Oh, what an unpleasant man!

HAR. (to FROSINE). What does my fair one say?

FRO. That she thinks you perfect.

HAR. You do me too much honour, my adorable darling.

MAR. (aside). What a dreadful creature!

HAR. I really feel too grateful to you for these sentiments.

MAR. (aside). I can bear it no longer.

SCENE XI.

HARPAGON, MARIANNE, ÉLISE, CLÉANTE, VALÈRE, FROSINE, BRINDAVOINE.

HAR. Here is my son, who also comes to pay his respects to you.

MAR. (aside to FROSINE). Oh, Frosine! what a strange meeting! He is the very one of whom I spoke to you.

FRO. (to MARIANNE). Well, that is extraordinary.

HAR. You are surprised to see that my children can be so old; but I shall soon get rid of both of them.

CLE. (to MARIANNE). Madam, to tell you the truth, I little expected such an event; and my father surprised me not a little when he told me to-day of the decision he had come to.

MAR. I can say the same thing. It is an unexpected meeting; and I certainly was far from being prepared for such an event.

CLE. Madam, my father cannot make a better choice, and it is a great joy to me to have the honour of welcoming you here. At the same time, I cannot say that I should rejoice if it were your intention to become my stepmother. I must confess that I should find it difficult to pay you the compliment; and it is a title, forgive me, that I cannot wish you to have. To some this speech would seem coarse, but I feel that you understand it. This marriage, Madam, is altogether repugnant to me. You are not ignorant, now that you know who I am, how opposed it is to all my own interests, and with my father's permission I hope you will allow me to say that, if things depended on me, it would never take place.

HAR. (aside). What a very impertinent speech to make; and what a confession to make to her!

MAR. And as my answer, I must tell you that things are much the same with me, and that, if you have any repugnance in seeing me your stepmother, I shall have no less in seeing you my stepson. Do not believe, I beg of you, that it is of my own will that this trouble has come upon you. I should be deeply grieved to cause you the least sorrow, and unless I am forced to it by a power I must obey, I give you my word that, I will never consent to a marriage which is so painful to you.

HAR. She is right. A foolish speech deserves a foolish answer. I beg your pardon, my love, for the impertinence of my son. He is a silly young fellow, who has not yet learnt the value of his own words.

MAR. I assure you that he has not at all offended me. I am thankful, on the contrary, that he has spoken so openly. I care greatly for such a confession from him, and if he had spoken differently, I should feel much less esteem for him.

HAR. It is very kind of you to excuse him thus. Time will make him wiser, and you will see that his feelings will change.

CLE. No, father, they will never change; and I earnestly beg of you, Madam, to believe me.

HAR. Did ever anybody see such folly? He is becoming worse and worse.

CLE. Would you have me false to my inmost feelings?

HAR. Again! Change your manners, if you please.

CLE. Very well, since you wish me to speak differently. Allow me, Madam, to take for a moment my father's place; and forgive me if I tell you that I never saw in the world anybody more charming than you are; that I can understand no happiness to equal that of pleasing you, and that to be your husband is a glory, a felicity, I should prefer to the destinies of the greatest princes upon earth. Yes, Madam, to possess you is, in my mind, to possess the best of all treasures; to obtain you is all my ambition. There is nothing I would not do for so precious a conquest, and the most powerful obstacles ...

HAR. Gently, gently, my son, if you please.

CLE. These are complimentary words which I speak to her in your name.

HAR. Bless me! I have a tongue of my own to explain my feelings, and I really don't care for such an advocate as you... Here, bring us some chairs.

FRO. No; I think it is better for us to go at once to the fair, in order to be back earlier, and have plenty of time for talking.

HAR. (to BRINDAVOINE). Have the carriage ready at once.

SCENE XII.

HARPAGON, MARIANNE, ÉLISE, CLÉANTE, VALÈRE, FROSINE.

HAR. (to MARIANNE). I hope you will excuse me, my dear, but I forgot to order some refreshments for you, before you went out.

CLE. I have thought of it, father, and have ordered to be brought in here some baskets of China oranges, sweet citrons, and preserves, which I sent for in your name.

HAR. (aside, to VALÈRE). Valère!

VAL. (aside, to HARPAGON). He has lost his senses!

CLE. You are afraid, father, that it will not be enough? I hope, Madam, that you will have the kindness to excuse it.

MAR. It was by no means necessary.

CLE. Did you ever see, Madam, a more brilliant diamond than the one my father has upon his finger?

MAR. It certainly sparkles very much.

CLE. (taking the diamond off his father's finger). You must see it near.

MAR. It is a beautiful one; it possesses great lustre.

CLE. (steps before MARIANNE, who wants to restore it). No, Madam, it is in hands too beautiful; it is a present my father gives you.

HAR. I?

CLE. Is it not true, father, that you wish her to keep it for your sake?

HAR. (aside, to his son). What?

CLE. (to MARIANNE). A strange question indeed! He is making me signs that I am to force you to accept it.

MAR. I would not....

CLE. (to MARIANNE). I beg of you.... He would not take it back.

HAR. (aside). I am bursting with rage!

MAR. It would be ...

CLE. (still hindering MARIANNE from returning it). No; I tell you, you will offend him.

MAR. Pray ...

CLE. By no means.

HAR. (aside). Plague take ...

47

CLE. He is perfectly shocked at your refusal.

HAR. (aside, to his son). Ah! traitor!

CLE. (to MARIANNE). You see he is in despair.

HAR. (aside, to his son, threatening him). You villain!

CLE. Really, father, it is not my fault. I do all I can to persuade her to accept it; but she is obstinate.

HAR. (in a rage, aside to his son). Rascal!

CLE. You are the cause, Madam, of my father scolding me.

HAR. (aside, with the same looks). Scoundrel!

CLE. (to MARIANNE). You will make him ill; for goodness' sake, hesitate no longer.

FRO. (to MARIANNE). Why so much ceremony? Keep the ring, since the gentleman wishes you to.

MAR. (to HARPAGON). I will keep it now, Sir, in order not to make you angry, and I shall take another opportunity of returning it to you.

SCENE XIII.

HARPAGON, MARIANNE, ÉLISE, VALÈRE, FROSINE, BRINDAVOINE.

BRIND. Sir, there is a gentleman here who wants to speak to you.

HAR. Tell him that I am engaged, and that I cannot see him to-day.

BRIND. He says he has some money for you.

HAR. (to MARIANNE). Pray, excuse me; I will come back directly.

SCENE XIV.

HARPAGON, MARIANNE, ÉLISE, CLÉANTE, FROSINE, LA MERLUCHE.

LA MER. (comes in running, and throws HARPAGON down). Sir....

HAR. Oh! he has killed me.

Molière

CLE. What's the matter, father? Have you hurt yourself?

HAR. The wretch must have been bribed by some of my debtors to break my neck.

VAL. (to HARPAGON). There is nothing serious.

LA MER. (to HARPAGON). I beg your pardon, Sir; I thought I had better run fast to tell you....

HAR. What?

LA MER. That your two horses have lost their shoes.

HAR. Take them quickly to the smith.

CLE. In the meantime, father, I will do the honours of the house for you, and take this lady into the garden, where lunch will be brought.

SCENE XV.

HARPAGON, VALÈRE.

HAR. Valère, look after all this; and take care, I beseech you, to save as much of it as you can, so that we may send it back to the tradesman again.

VAL. I will.

HAR. (alone). Miscreant! do you mean to ruin me?

ACT IV.

SCENE I.

CLÉANTE, MARIANNE, ÉLISE, FROSINE.

CLE. Let us come in here; we shall be much better. There is no one about us that we need be afraid of, and we can speak openly.

ELI. Yes, Madam, my brother has told me of the love he has for you. I know what sorrow and anxiety such trials as these may cause, and I assure you that I have the greatest sympathy for you.

MAR. I feel it a great comfort in my trouble to have the sympathy of a person like you, and I entreat you, Madam, ever to retain for me a friendship so capable of softening the cruelty of my fate.

FRO. You really are both very unfortunate not to have told me of all this before. I might certainly have warded off the blow, and not have carried things so far.

CLE. What could I do? It is my evil destiny which has willed it so. But you, fair Marianne, what have you resolved to do? What resolution have you taken?

MAR. Alas! Is it in my power to take any resolution? And, dependent as I am, can I do anything else except form wishes?

CLE. No other support for me in your heart? Nothing but mere wishes? No pitying energy? No kindly relief? No active affection?

MAR. What am I to say to you? Put yourself in my place, and judge what I can possibly do. Advise me, dispose of me, I trust myself entirely to you, for I am sure that you will never ask of me anything but what is modest and seemly.

CLE. Alas! to what do you reduce me when you wish me to be guided entirely by feelings of strict duty and of scrupulous propriety.

MAR. But what would you have me do? Even if I were, for you, to divest myself of the many scruples which our sex imposes on us, I have too much regard for my mother, who has brought me up with great tenderness, for me to give her any cause of sorrow. Do all you can with her. Strive to win her. I give you leave to say and do all you wish; and if anything depends upon her knowing the true state of my feelings, by all means tell her what they are; indeed I will do it myself if necessary.

CLE. Frosine, dear Frosine, will you not help us?

FRO. Indeed, I should like to do so, as you know. I am not naturally unkind. Heaven has not given me a heart of flint, and I feel but too ready to help when I see young people loving each other in all earnestness and honesty. What can we do in this case?

CLE. Try and think a little.

MAR. Advise us.

ELI. Invent something to undo what you have done.

FRO. Rather a difficult piece of business. (To MARIANNE) As far as your mother is concerned, she is not altogether unreasonable and we might succeed in making her give to the son the gift she reserved for the father. (To CLÉANTE) But the most disheartening part of it all is that your father is your father.

CLE. Yes, so it is.

FRO. I mean that he will bear malice if he sees that he is refused, and he will be in no way disposed afterwards to give his consent to your marriage. It would be well if the refusal could be made to come from him, and you ought to try by some means or other to make him dislike you, Marianne.

CLE. You are quite right.

FRO. Yes, right enough, no doubt. That is what ought to be done; but how in the world are we to set about it? Wait a moment. Suppose we had a somewhat elderly woman with a little of the ability which I possess, and able sufficiently well to represent a lady of rank, by means of a retinue made up in haste, and of some whimsical title of a marchioness or viscountess, whom we would suppose to come from Lower Brittany. I should have enough power over your father to persuade him that she is a rich woman, in possession, besides her houses, of a hundred thousand crowns in ready money; that she is deeply in love with him, and that she would marry him at any cost, were she even to give him all her money by the marriage contract. I have no doubt he would listen to the proposal. For certainly he loves you very much, my dear, but he loves money still better. When once he has consented to your marriage, it does not signify much how he finds out the true state of affairs about our marchioness.

CLE. All that is very well made up.

FRO. Leave it to me; I just remember one of my friends who will do beautifully.

CLE. Depend on my gratitude, Frosine, if you succeed. But, dear Marianne, let us begin, I beg of you, by gaining over your mother; it would be a great deal accomplished if this marriage were once broken off. Make use, I beseech you, of all the power that her tenderness for you gives you over her. Display without hesitation those eloquent graces, those all-powerful charms, with which Heaven has endowed your eyes and lips; forget not, I beseech you, those sweet persuasions, those tender entreaties, those loving caresses to which, I feel, nothing could be refused.

MAR. I will do all I can, and will forget nothing.

SCENE II.

HARPAGON, MARIANNE, ÉLISE, FROSINE.

HAR. (aside, and without being seen). Ah! ah! my son is kissing the hand of his intended stepmother, and his intended stepmother does not seem much averse to it! Can there be any mystery in all this?

ELI. Here comes my father.

HAR. The carriage is quite ready, and you can start when you like.

CLE. Since you are not going, father, allow me to take care of them.

HAR. No, stop here; they can easily take care of themselves, and I want you.

SCENE III.

HARPAGON, CLÉANTE.

HAR. Well, now, all consideration of stepmother aside, tell me what do you think of this lady?

CLE. What I think of her?

HAR. Yes, what do you think of her appearance, her figure, her beauty and intelligence?

CLE. So, so.

HAR. But still?

CLE. To tell you the truth, I did not find her such as I expected. Her manner is that of a thorough coquette, her figure is rather awkward, her beauty very middling, and her intelligence of the meanest order. Do not suppose that I say this to make you dislike her; for if I must have a stepmother, I like the idea of this one as well as of any other.

HAR. You spoke to her just now, nevertheless....

CLE. I paid her several compliments in your name, but it was to please you.

HAR. So then you don't care for her?

CLE. Who? I? Not in the least.

HAR. I am sorry for it, for that puts an end to a scheme which had occurred to me. Since I have seen her here, I have been thinking of my own age; and I feel that people would find fault with me for marrying so young a girl. This consideration had made me determine to abandon the project, and as I had demanded her in marriage, and had given her my promise, I would have given her to you if it were not for the dislike you have for her.

CLE. To me?

HAR. To you.

CLE. In marriage?

HAR. In marriage.

CLE. It is true she is not at all to my taste; but, to please you, father, I will bring myself to marry her, if you please.

HAR. If I please! I am more reasonable than you think. I don't wish to compel you.

CLE. Excuse me! I will make an attempt to love her.

HAR. No, no; a marriage cannot be happy where there is no love.

CLE. That, my father, will, perhaps, come by and by, and it is said that love is often the fruit of marriage.

HAR. No, it is not right to risk it on the side of the man, and there are some troublesome things I don't care to run the chance of. If you had felt any inclination for her, you should have married her instead of me, but as it is, I will return to my first intention and marry her myself.

CLE. Well, father, since things are so, I had better be frank with you, and reveal our secret to you. The truth is that I have loved her ever since I saw her one day on the promenade. I intended to ask you today to let me marry her, and I was only deterred from it because you spoke of marrying her, and because I feared to displease you.

HAR. Have you ever paid her any visits?

CLE. Yes, father.

HAR. Many?

CLE. Yes; considering how long we have been acquainted.

HAR. You were well received.

CLE. Very well, but without her knowing who I was; and that is why Marianne was so surprised when she saw me today.

HAR. Have you told her of your love, and of your intention of marrying her?

CLE. Certainly, and I also spoke a little to the mother on the subject.

HAR. Did she kindly receive your proposal for her daughter?

CLE. Yes, very kindly.

HAR. And does the daughter return your love?

CLE. If I can believe appearances, she is certainly well disposed towards me.

HAR. (aside). Well! I am very glad to have found out this secret; it is the very thing I wanted to know. (To his son) Now, look here, my son, I tell you what. You will have, if you please, to get rid of your love for Marianne, to cease to pay your attentions to a person I intend for myself, and to marry very soon the wife I have chosen for you.

CLE. So, father, it is thus you deceive me! Very well, since things are come to such a pass, I openly declare to you that I shall not give up my love for Marianne. No! understand that henceforth there is nothing from which I shall shrink in order to dispute her with you; and if you have on your side the consent of the mother, perhaps I shall have some other resources left to aid me.

HAR. What, rascal! You dare to trespass on my grounds?

CLE. It is you who trespass on mine. I was the first.

HAR. Am I not your father, and do you not owe me respect?

CLE. There are things in which children are not called upon to pay deference to their fathers; and love is no respector of persons.

HAR. My stick will make you know me better.

CLE. All your threatenings are nothing to me.

HAR. You will give up Marianne?

CLE. Never!

HAR. Bring me my stick. Quick, I say! my stick!

SCENE IV.

HARPAGON, CLÉANTE, MASTER JACQUES.

JAC. Hold! hold! Gentlemen, what does this mean? What are you thinking of?

CLE. I don't care a bit for it.

JAC. (to CLÉANTE). Ah! Sir, gently.

HAR. He dares to speak to me with such impudence as that!

JAC. (to HARPAGON). Ah! Sir, I beg of you.

CLE. I shall keep to it.

JAC. (to CLÉANTE). What! to your father?

HAR. Let me do it.

JAC. (to HARPAGON). What! to your son? To me it's different.

HAR. I will make you judge between us, Master Jacques, so that you may see that I have right on my side.

JAC. Willingly. (To CLÉANTE) Go a little farther back.

HAR. There is a young girl I love and want to marry, and the scoundrel has the impudence to love her also, and wants to marry her in spite of me.

JAC. Oh! he is wrong.

HAR. Is it not an abominable thing to see a son who does not shrink from becoming the rival of his father? And is it not his bounden duty to refrain from interfering with my love?

JAC. You are quite right; stop here, and let me go and speak to him.

CLE. (to MASTER JACQUES, who comes near him). Very well; if he wants to make you a judge between us, I have no objection. I care little who it is, and I don't mind referring our quarrel to you.

JAC. You do me great honour.

CLE. I am in love with a young girl who returns my affection, and who receives kindly the offer of my heart; but my father takes it into his head to disturb our love by asking her in marriage.

JAC. He certainly is wrong.

CLE. Is it not shameful for a man of his age to think of marrying? I ask you if it is right for him to fall in love? and ought he not now to leave that to younger men?

JAC. You are quite right; he is not serious; let me speak a word or two to him. (To HARPAGON) Really, your son is not so extravagant as you think, and is amenable to reason. He says that he is conscious of the respect he owes you, and that he only got angry in the heat of the moment. He will willingly submit to all you wish if you will only promise to treat him more kindly than you do, and will give him in marriage a person to his taste.

HAR. Ah! tell him, Master Jacques, that he will obtain everything from me on those terms, and that, except Marianne, I leave him free to choose for his wife whomsoever he pleases.

JAC. Leave that to me. (To CLÉANTE) Really, your father is not so unreasonable as you make him out to me; and he tells me that it is your violence which irritated him. He only objects to your way of doing things, and is quite ready to grant you all you want, provided you will use gentle means and will give him the deference, respect, and submission that a son owes to his father.

CLE. Ah! Master Jacques, you can assure him that if he grants me Marianne, he will always find me the most submissive of men, and that I shall never do anything contrary to his pleasure.

JAC. (to HARPAGON). It's all right; he consents to what you say.

HAR. Nothing could be better.

JAC. (to CLÉANTE). It's all settled; he is satisfied with your promises.

CLE. Heaven be praised!

JAC. Gentlemen, you have nothing to do but to talk quietly over the matter together; you are agreed now, and yet you were on the point of quarrelling through want of understanding each other.

CLE. My poor Jacques, I shall be obliged to you all my life.

JAC. Don't mention it, Sir.

HAR. You have given me great pleasure, Master Jacques, and deserve a reward. (HARPAGON feels in his pocket, JACQUES holds out his hand, but HARPAGON only pulls out his handkerchief, and says ,) Go; I will remember it, I promise you.

JAC. I thank you kindly, Sir.

SCENE V.

HARPAGON, CLÉANTE.

CLE. I beg your pardon, father, for having been angry.

HAR. It is nothing.

CLE. I assure you that I feel very sorry about it.

HAR. I am very happy to see you reasonable again.

CLE. How very kind of you so soon to forget my fault.

HAR. One easily forgets the faults of children when they return to their duty.

CLE. What! you are not angry with me for my extravagant behaviour?

HAR. By your submission and respectful conduct you compel me to forget my anger.

CLE. I assure you, father, I shall for ever keep in heart the remembrance of all your kindness.

HAR. And I promise you that, in future, you will obtain all you like from me.

CLE. Oh, father! I ask nothing more; it is sufficient for me that you give me Marianne.

HAR. What?

CLE. I say, father, that I am only too thankful already for what you have done, and that when you give me Marianne, you give me everything.

HAR. Who talks of giving you Marianne?

CLE. You, father.

HAR. I?

CLE. Yes.

HAR. What! is it not you who promised to give her up?

CLE. I! give her up?

HAR. Yes.

CLE. Certainly not.

HAR. Did you not give up all pretensions to her?

CLE. On the contrary, I am more determined than ever to have her.

HAR. What, scoundrel! again?

CLE. Nothing can make me change my mind.

HAR. Let me get at you again, wretch!

CLE. You can do as you please.

HAR. I forbid you ever to come within my sight.

CLE. As you like.

HAR. I abandon you.

CLE. Abandon me.

HAR. I disown you.

CLE. Disown me.

HAR. I disinherit you.

CLE. As you will.

HAR. I give you my curse.

CLE. I want none of your gifts.

SCENE VI.

CLÉANTE, LA FLÈCHE.

LA FL. (leaving the garden with a casket). Ah! Sir, you are just in the nick of time. Quick! follow me.

CLE. What is the matter?

LA FL. Follow me, I say. We are saved.

CLE. How?

LA FL. Here is all you want.

CLE. What?

LA FL. I have watched for this all day.

CLE. What is it?

LA FL. Your father's treasure that I have got hold of.

CLE. How did you manage it?

LA FL. I will tell you all about it. Let us be off. I can hear him calling out.

SCENE VII.

HARPAGON, from the garden, rushing in without his hat, and crying

Thieves! thieves! assassins! murder! Justice, just heavens! I am undone; I am murdered; they have cut my throat; they have stolen my money! Who can it be? What has become of him? Where is he? Where is he hiding himself? What shall I do to find him? Where shall I run? Where shall I not run? Is he not here? Who is this? Stop! (To himself, taking hold of his own arm) Give me back my money, wretch.... Ah...! it is myself.... My mind is wandering, and I know not where I am, who I am, and what I am doing. Alas! my poor money! my poor money! my dearest friend, they have bereaved me of thee; and since thou art gone, I have lost my support, my consolation, and my joy. All is ended for me, and I have nothing more to do in the world! Without thee it is impossible for me to live. It is all over with me; I can bear it no longer. I am dying; I am dead; I am buried. Is there nobody who will call me from the dead, by restoring my dear money to me, or by telling me who has taken it? Ah! what is it you say? It is no one. Whoever has committed the deed must have watched carefully for his opportunity, and must have chosen the very moment when I was talking with my miscreant of a son. I must go. I will demand justice, and have the whole of my house put to the torture--my maids and my valets, my son, my daughter, and myself too. What a crowd of people are assembled here! Everyone seems to be my thief. I see no one who does not rouse suspicion in me. Ha! what are they speaking of there? Of him who stole my money? What noise is that up yonder? Is it my thief who is there? For pity's sake, if you know anything of my thief, I beseech you to tell me. Is he hiding there among you? They all look at me and laugh. We shall see that they all have a share in the robbery. Quick! magistrates, police, provosts, judges, racks, gibbets, and executioners. I will hang everybody, and if I do not find my money, I will hang myself afterwards.

ACT V.

SCENE I.

HARPAGON, A POLICE OFFICER.

OFF. Leave that to me. I know my business. Thank Heaven! this is not the first time I have been employed in finding out thieves; and I wish I had as many bags of a thousand francs as I have had people hanged.

HAR. Every magistrate must take this affair in hand; and if my money is not found, I shall call justice against justice itself.

OFF. We must take all needful steps. You say there was in that casket...?

HAR. Ten thousand crowns in cash.

OFF. Ten thousand crowns!

HAR. Ten thousand crowns.

OFF. A considerable theft.

HAR. There is no punishment great enough for the enormity of the crime; and if it remain unpunished, the most sacred things are no longer secure.

OFF. In what coins was that sum?

HAR. In good louis d'or and pistoles of full weight.

OFF. Whom do you suspect of this robbery?

HAR. Everybody. I wish you to take into custody the whole town and suburbs.

OFF. You must not, if you trust me, frighten anybody, but must use gentle means to collect evidence, in order afterwards to proceed with more rigour for the recovery of the sum which has been taken from you.

SCENE II.

HARPAGON, THE POLICE OFFICER, MASTER JACQUES.

JAC. (at the end of the stage, turning back to the door by which he came in). I am coming back. Have his throat cut at once; have his feet singed; put him in boiling water, and hang him up to the ceiling.

HAR. What! Him who has robbed me?

JAC. I was speaking of a sucking pig that your steward has just sent me; and I want to have it dressed for you after my own fancy.

HAR. This is no longer the question; and you have to speak of something else to this gentleman.

OFF. (to JACQUES). Don't get frightened. I am not a man to cause any scandal, and matters will be carried on by gentle means.

JAC. (to HARPAGON). Is this gentleman coming to supper with you?

OFF. You must, in this case, my good man, hide nothing from your master.

JAC. Indeed, Sir, I will show you all I know, and will treat you in the best manner I possibly can.

OFF. That's not the question.

JAC. If I do not give as good fare as I should like, it is the fault of your steward, who has clipped my wings with the scissors of his economy.

HAR. Rascal! We have other matters to talk about than your supper; and I want you to tell me what has become of the money which has been stolen from me.

JAC. Some money has been stolen from you?

HAR. Yes, you rascal! And I'll have you hanged if you don't give it me back again.

OFF. (to HARPAGON). Pray, don't be hard upon him. I see by his looks that he is an honest fellow, and that he will tell you all you want to know without going to prison. Yes, my friend, if you confess, no harm shall come to you, and you shall be well rewarded by your master. Some money has been stolen from him, and it is not possible that you know nothing about it.

JAC. (aside). The very thing I wanted in order to be revenged of our steward. Ever since he came here, he has been the favourite, and his advice is the only one listened to. Moreover, I have forgotten neither the cudgelling of to-day nor ...

HAR. What are you muttering about there?

OFF. (to HARPAGON). Leave him alone. He is preparing himself to satisfy you; I told you that he was an honest fellow.

JAC. Sir, since you want me to tell you what I know, I believe it is your steward who has done this.

HAR. Valère?

JAC. Yes.

HAR. He who seemed so faithful to me!

JAC. Himself. I believe that it is he who has robbed you.

HAR. And what makes you believe it?

JAC. What makes me believe it?

HAR. Yes.

JAC. I believe it...because I believe it.

OFF. But you must tell us the proofs you have.

HAR. Did you see him hanging about the place where I had put my money?

JAC. Yes, indeed. Where was your money?

HAR. In the garden.

JAC. Exactly; I saw him loitering about in the garden; and in what was your money?

HAR. In a casket.

JAC. The very thing. I saw him with a casket.

HAR. And this casket, what was it like? I shall soon see if it is mine.

JAC. What it was like?

HAR. Yes.

JAC. It was like ... like a casket.

OFF. Of course. But describe it a little, to see if it is the same.

JAC. It was a large casket.

HAR. The one taken from me is a small one.

JAC. Yes, small if you look at it in that way; but I call it large because of what it contains.

HAR. And what colour was it?

JAC. What colour?

OFF. Yes.

JAC. Of a colour ... of a certain colour.... Can't you help me to find the word?

HAR. Ugh!

JAC. Red; isn't it?

HAR. No, grey.

JAC. Ha! yes, reddish-grey! That's what I meant.

HAR. There is no doubt about it, it's my casket for certain. Write down his evidence, Sir! Heavens! whom can we trust after that? We must never swear to anything, and I believe now that I might rob my own self.

JAC. (to HARPAGON). There he is coming back, Sir; I beg of you not to go and tell him that it was I who let it all out, Sir.

SCENE III.

HARPAGON, THE POLICE OFFICER, VALÈRE, MASTER JACQUES.

HAR. Come, come near, and confess the most abominable action, the most horrible crime, that was ever committed.

VAL. What do you want, Sir?

HAR. What, wretch! you do not blush for shame after such a crime?

VAL. Of what crime do you speak?

HAR. Of what crime I speak? Base villain, as if you did not know what I mean! It is in vain for you to try to hide it; the thing is discovered, and I have just heard all the particulars. How could you thus abuse my kindness, introduce yourself on purpose into my house to betray me, and to play upon me such an abominable trick?

VAL. Sir, since everything is known to you, I will neither deny what I have done nor will I try to palliate it.

JAC. (aside). Oh! oh! Have I guessed the truth?

VAL. I intended to speak to you about it, and I was watching for a favourable opportunity; but, as this is no longer possible, I beg of you not to be angry, and to hear my motives.

HAR. And what fine motives can you possibly give me, infamous thief?

VAL. Ah! Sir, I do not deserve these names. I am guilty towards you, it is true; but, after all, my fault is pardonable.

HAR. How pardonable? A premeditated trick, and such an assassination as this!

VAL. I beseech you not to be so angry with me. When you have heard all I have to say, you will see that the harm is not so great as you make it out to be.

HAR. The harm not so great as I make it out to be! What! my heart's blood, scoundrel!

VAL. Your blood, Sir, has not fallen into bad hands. My rank is high enough not to disgrace it, and there is nothing in all this for which reparation cannot be made.

HAR. It is, indeed, my intention that you should restore what you have taken from me.

VAL. Your honour, Sir, shall be fully satisfied.

HAR. Honour is not the question in all this. But tell me what made you commit such a deed?

VAL. Alas! do you ask it?

HAR. Yes, I should rather think that I do.

VAL. A god, Sir, who carries with him his excuses for all he makes people do: Love.

HAR. Love?

VAL. Yes.

HAR. Fine love that! fine love, indeed! the love of my gold!

VAL. No, Sir, it is not your wealth that has tempted me, it is not that which has dazzled me; and I swear never to pretend to any of your possessions, provided you leave me what I have.

HAR. In the name of all the devils, no, I shall not leave it to you. But did anyone ever meet with such villainy! He wishes to keep what he has robbed me of!

VAL. Do you call that a robbery?

HAR. If I call that a robbery? A treasure like that!

VAL. I readily acknowledge that it is a treasure, and the most precious one you have. But it will not be losing it to leave it to me. I ask you on my knees to leave in my possession this treasure so full of charms; and if you do right, you will grant it to me.

HAR. I will do nothing of the kind. What in the world are you driving at?

VAL. We have pledged our faith to each other, and have taken an oath never to forsake one another.

HAR. The oath is admirable, and the promise strange enough!

VAL. Yes, we are engaged to each other for ever.

HAR. I know pretty well how to disengage you, I assure you of that.

VAL. Nothing but death can separate us.

HAR. You must be devilishly bewitched by my money.

VAL. I have told you already, Sir, that it is not self-interest which has prompted me to what I have done. It was not that which prompted my heart; a nobler motive inspired me.

HAR. We shall hear presently that it is out of Christian charity that he covets my money! But I will put a stop to all this, and justice, impudent rascal, will soon give me satisfaction.

VAL. You will do as you please, and I am ready to suffer all the violence you care to inflict upon me, but I beg of you to believe, at least, that if there is any harm done, I am the only one guilty, and that your daughter has done nothing wrong in all this.

HAR. I should think not! It would be strange, indeed, if my daughter had a share in this crime. But I will have that treasure back again, and you must confess to what place you have carried it off.[6]

VAL. I have not carried it off, and it is still in your house.

HAR. (aside). O my beloved casket! (To VALÈRE) My treasure has not left my house?

VAL. No, Sir.

HAR. Well, then, tell me, have you taken any liberties with...?

VAL. Ah! Sir, you wrong us both; the flame with which I burn is too pure, too full of respect.

HAR. (aside). He burns for my casket!

VAL. I had rather die than show the least offensive thought: I found too much modesty and too much purity for that.

HAR. (aside). My cash-box modest!

VAL. All my desires were limited to the pleasures of sight, and nothing criminal has profaned the passion those fair eyes have inspired me with.

HAR. (aside). The fair eyes of my cash-box! He speaks of it as a lover does of his mistress.

VAL. Dame Claude knows the whole truth, and she can bear witness to it.

HAR. Hallo! my servant is an accomplice in this affair?

VAL. Yes, Sir, she was a witness to our engagement; and it was after being sure of the innocence of my love that she helped me to persuade your daughter to engage herself to me.

HAR. Ah! (Aside) Has the fear of justice made him lose his senses? (To VALÈRE) What rubbish are you talking about my daughter?

VAL. I say, Sir, that I found it most difficult to make her modesty consent to what my love asked of her.

HAR. The modesty of whom?

VAL. Of your daughter; and it was only yesterday that she could make up her mind to sign our mutual promise of marriage.

HAR. My daughter has signed a promise of marriage?

VAL. Yes, Sir, and I have also signed.

HAR. O heavens! another misfortune!

JAC. (to the OFFICER). Write, Sir, write.

HAR. Aggravation of misery! Excess of despair! (To the OFFICER) Sir, discharge your duty, and draw me up an indictment against him as a thief and a suborner.

JAC. As a thief and a suborner.

VAL. These are names which I do not deserve, and when you know who I am....

SCENE IV.

HARPAGON, ÉLISE, MARIANNE, VALÈRE, FROSINE, MASTER JACQUES, THE POLICE OFFICER.

HAR. Ah! guilty daughter! unworthy of a father like me! is it thus that you put into practice the lessons I have given you? You give your love to an infamous thief, and engage yourself to him without my consent! But you shall both be disappointed. (To ÉLISE) Four strong walls will answer for your conduct in the future; (to VALÈRE) and good gallows, impudent thief, shall do me justice for your audacity.

VAL. Your anger will be no judge in this affair, and I shall at least have a hearing before I am condemned.

HAR. I was wrong to say gallows; you shall be broken alive on the wheel.

ELI. (kneeling to her father). Ah! my father, be more merciful, I beseech you, and do not let your paternal authority drive matters to extremes. Do not suffer yourself to be carried away by the first outburst of your anger, but give yourself time to consider what you do. Take the trouble of inquiring about him whose conduct has offended you. He is not what you imagine, and you will think it less strange that I should have given myself to him, when you know that without him you would long ago have lost me for ever. Yes, father, it is he who saved me from the great danger I ran in the waters, and to whom you owe the life of that very daughter who ...

HAR. All this is nothing; and it would have been much better for me if he had suffered you to be drowned rather than do what he has done.

ELI. My father, I beseech you, in the name of paternal love, grant me...

HAR. No, no. I will hear nothing, and justice must have its course.

JAC. (aside). You shall pay me for the blows you gave me.

FRO. What a perplexing state of affairs!

SCENE V.

ANSELME, HARPAGON, ÉLISE, MARIANNE, FROSINE, VALÈRE, THE POLICE OFFICER, MASTER JACQUES.

ANS. What can have happened, Mr. Harpagon? You are quite upset.

HAR. Ah, Mr. Anselme, you see in me the most unfortunate of

men; and you can never imagine what vexation and disorder is connected with the contract you have come to sign! I am attacked in my property; I am attacked in my honour; and you see there a scoundrel and a wretch who has violated the most sacred rights, who has introduced himself into my house as a servant in order to steal my money, and seduce my daughter.

VAL. Who ever thought of your money about which you rave?

HAR. Yes; they have given each other a promise of marriage. This insult concerns you, Mr. Anselme; and it is you who ought to be plaintiff against him, and who at your own expense ought to prosecute him to the utmost, in order to be revenged.

ANS. It is not my intention to force anybody to marry me, and to lay claim to a heart which has already bestowed itself; but as far as your interests are concerned, I am ready to espouse them as if they were my own.

HAR. This is the gentleman, an honest commissary, who has promised that he will omit nothing of what concerns the duties of his office. (To the OFFICER, showing VALÈRE) Charge him, Sir, as he ought to be, and make matters very criminal.

VAL. I do not see what crime they can make of my passion for your daughter, nor the punishment you think I ought to be condemned to for our engagement; when it is known who I am ...

HAR. I don't care a pin for all those stories, and the world is full, nowadays, of those pretenders to nobility, of those impostors, who take advantage of their obscurity and deck themselves out insolently with the first illustrious name that comes into their head.

VAL. Know that I am too upright to adorn myself with a name which is not mine, and that all Naples can bear testimony to my birth!

ANS. Softly! Take care of what you are about to say. You speak before a man to whom all Naples is known, and who can soon see if your story is true.

VAL. (proudly putting on his hat). I am not the man to fear anything; and if all Naples is known to you, you know who was Don Thomas d'Alburci.

ANS. Certainly; I know who he is, and few people know him better than I do.

HAR. I care neither for Don Thomas nor Don Martin. (Seeing two candles burning, he blows one out .)

ANS. Have patience and let him speak; we shall soon know what he has to say of him.

VAL. That it is to him that I owe my birth.

ANS. To him?

VAL. Yes.

ANS. Nonsense; you are laughing. Try and make out a more likely story, and don't pretend to shelter yourself under such a piece of imposture.

VAL. Consider your words better before you speak; it is no imposture, and I say nothing here that I cannot prove.

ANS. What! You dare to call yourself the son of Don Thomas d'Alburci?

VAL. Yes, I dare to do so; and I am ready to maintain the truth against anyone, who ever he may be.

ANS. This audacity is marvellous. Learn to your confusion that it is now at least sixteen years ago since the man of whom you speak died in a shipwreck at sea with his wife and children, when he was trying to save their lives from the cruel persecutions which accompanied the troubles at Naples, and which caused the banishment of several noble families.

VAL. Yes; but learn to your confusion that his son, seven years of age, was, with a servant, saved from the wreck by a Spanish vessel, and that this son is he who now speaks to you. Learn that the captain of that ship, touched with compassion at my misfortune, loved me; that he had me brought up as his own son, and that the profession of arms has been my occupation ever since I was fit for it; that lately I heard that my father is not dead, as I thought he was; that, passing this way to go and find him out, an accident, arranged by heaven, brought to my sight the charming Élise; that the sight of her made me a slave to her beauty, and that the violence of my love and the harshness of her father made me take the resolution to come into his house disguised as a servant, and to send some one else to look after my parents.

ANS. But what other proofs have you besides your own words that all this is not a fable based by you upon truth.

VAL. What proofs? The captain of the Spanish vessel; a ruby seal which belonged to my father; an agate bracelet which my mother put upon my arm; and old Pedro, that servant who was saved with me from the wreck.

MAR. Alas! I can answer here for what you have said; that you do not deceive us; and all you say clearly tells me that you are my brother.

VAL. You my sister!

MAR. Yes, my heart was touched as soon as you began to speak; and our mother, who will be delighted at seeing you, often told me of the misfortunes of our family. Heaven spared us also in that dreadful wreck; but our life was spared at the cost of our liberty, for my mother and myself were taken up by pirates from the wreck of our vessel. After ten years of slavery a lucky event gave us back to liberty, and we returned to Naples, where we found all our property sold, and could hear no news of our father. We embarked for Genoa, where my mother went to gather what remained of a family estate which had been much disputed. Leaving her unjust relatives, she came here, where she has lived but a weary life.

ANS. O heaven! how wonderful are thy doings, and how true it is that it only belongs to thee to work miracles! Come to my arms, my children, and share the joy of your happy father!

VAL. You are our father?

MAR. It was for you that my mother wept?

ANS. Yes, my daughter; yes, my son; I am Don Thomas d'Alburci, whom heaven saved from the waves, with all the money he had with him, and who, after sixteen years, believing you all dead, was preparing, after long journeys, to seek the consolations of a new family in marrying a gentle and virtuous woman. The little security there was for my life in Naples has made me abandon the idea of returning there, and having found the means of selling what I had, I settled here under the name of Anselme. I wished to forget the sorrows of a name associated with so many and great troubles.

HAR. (to ANSELME). He is your son?

ANS. Yes.

HAR. That being so, I make you responsible for the ten thousand crowns that he has stolen from me.

ANS. He steal anything from you!

HAR. Yes.

VAL. Who said so?

HAR. Master Jacques.

VAL. (to MASTER JACQUES). You say that?

JAC. You see that I am not saying anything.

HAR. He certainly did. There is the officer who has received his deposition.

VAL. Can you really believe me capable of such a base action?

HAR. Capable or not capable, I must find my money.

SCENE VI.

HARPAGON, ANSELME, ÉLISE, MARIANNE, CLÉANTE, VALÈRE, FROSINE, THE POLICE OFFICER, MASTER JACQUES, LA FLÈCHE.

CLE. Do not grieve for your money, father, and accuse any one. I have news of it, and I come here to tell you that if you consent to let me marry Marianne, your money will be given back to you.

HAR. Where is it?

CLE. Do not trouble yourself about that. It is in a safe place, and I answer for it; everything depends on your resolve. It is for you to decide, and you have the choice either of losing Marianne or your cash-box.

HAR. Has nothing been taken out?

CLE. Nothing at all. Is it your intention to agree to this marriage, and to join your consent to that of her mother, who leaves her at liberty to do as she likes?

MAR. (to CLÉANTE). But you do not know that this consent is no longer sufficient, and that heaven has given me back a brother (showing VALÈRE), at the same time that it has given me back a father (showing ANSELME); and you have now to obtain me from him.

ANS. Heaven, my dear children, has not restored you to me that I might oppose your wishes. Mr. Harpagon, you must be aware that the choice of a young girl is more likely to fall upon the son than upon the father. Come, now, do not force people to say to you what is unnecessary, and consent, as I do, to this double marriage.

HAR. In order for me to be well advised, I must see my casket.

CLE. You shall see it safe and sound.

HAR. I have no money to give my children in marriage.

ANS. Never mind, I have some; do not let this trouble you.

HAR. Do you take upon yourself to defray the expenses of these two weddings?

ANS. Yes, I will take this responsibility upon myself. Are you satisfied?

HAR. Yes, provided you order me a new suit of clothes for the wedding.

ANS. Agreed! Let us go and enjoy the blessings this happy day brings us.

OFF. Stop, Sirs, stop; softly, if you please. Who is to pay me for my writing?

HAR. We have nothing to do with your writing.

OFF. Indeed! and yet I do not pretend to have done it for nothing.

HAR. (showing MASTER JACQUES). There is a fellow you can hang in payment!

JAC. Alas! what is one to do? I receive a good cudgelling for telling the truth, and now they would hang me for lying.

ANS. Mr. Harpagon, you must forgive him this piece of imposture.

HAR. You will pay the officer then?

ANS. Let it be so. Let us go quickly, my children, to share our joy with your mother!

HAR. And I to see my dear casket

THE END

FOOTNOTES

[1] An old comic pastoral.

[2] The real hero in Rabelais' 'Pantagruel.'

[3] Frosine professes a knowledge of palmistry.

[4] Old enemies. The Turks took Candia from the Venetians in 1669, after a war of twenty years.

[5] Molière makes use even of his own infirmities. Compare act i. scene iii. This cough killed him at last.

[6] A good deal of the mystification is lost in the translation through the necessity of occasionally putting it for casket , and she for Élise.

L'AVARE

Comédie (1667)

PERSONNAGES

Harpagon, père de Cléante et d'Élise, et amoureux de Mariane.

Cléante, fils d'Harpagon, amant de Mariane.

Élise, fille d'Harpagon, amante de Valère.

Valère, fils d'Anselme et amant d'Élise.

Mariane, amante de Cléante et aimée d'Harpagon.

Anselme, père de Valère et de Mariane.

Frosine, femme d'intrigue.

Maître Simon, courtier.

Maître Jacques, cuisinier et cocher d'Harpagon.

La Flèche, valet de Cléante.

Dame Claude, servante d'Harpagon.

Brindavoine,

La Merluche, laquais d'Harpagon.

Un commissaire et son clerc.

La scène est à Paris, dans la maison d'Harpagon.

ACTE PREMIER.

SCÈNE PREMIÈRE.

VALÈRE, ÉLISE.

- Valère -

Hé quoi! charmante Élise, vous devenez mélancolique, après les obligeantes assurances que vous avez eu la bonté de me donner de votre foi? Je vous vois soupirer, hélas! au milieu de ma joie! Est-ce du regret, dites-moi, de m'avoir fait heureux? et vous repentez-vous de cet engagement où mes feux ont pu vous contraindre?

- Élise -

Non, Valère, je ne puis pas me repentir de tout ce que je fais pour vous. Je m'y sens entraîner par une trop douce puissance, et je n'ai pas même la force de souhaiter que les choses ne fussent pas. Mais, a vous dire vrai, le succès me donne de l'inquiétude; et je crains fort de vous aimer un peu plus que je ne devrais.

- Valère -

Eh! que pouvez-vous craindre, Élise, dans les bontés que vous avez pour moi?

- Élise -

Hélas! cent choses à la fois: l'emportement d'un père, les reproches d'une famille, les censures du monde; mais plus que tout, Valère, le changement de votre coeur, et cette froideur criminelle dont ceux de votre sexe payent le plus souvent les témoignages trop ardents d'un innocent amour.

- Valère -

Ah! ne me faites pas ce tort, de juger de moi par les autres! Soupçonnez-moi de tout, Élise, plutôt que de manquer à ce que je vous dois. Je vous aime trop pour cela; et mon amour pour vous durera autant que ma vie.

- Élise -

Ah! Valère, chacun tient les mêmes discours! Tous les hommes sont semblables par les paroles; et ce n'est que les actions qui les découvrent différents.

- Valère -

Puisque les seules actions font connaître ce que nous sommes, attendez donc, au moins, à juger de mon coeur par elles, et ne me cherchez point des crimes dans les injustes craintes d'une fâcheuse prévoyance. Ne m'assassinez point, je vous prie, par les sensibles coups d'un soupçon outrageux; et donnez-moi le temps de vous convaincre, par mille et mille preuves, de l'honnêteté de mes feux.

- Élise -

Hélas! qu'avec facilité on se laisse persuader par les personnes que l'on aime! Oui, Valère, je tiens votre coeur incapable de m'abuser. Je crois que vous m'aimez d'un véritable amour, et que vous me serez fidèle: je n'en veux point du tout douter, et je retranche mon chagrin aux appréhensions du blâme qu'on pourra me donner.

- Valère -

Mais pourquoi cette inquiétude?

- Élise -

Je n'aurais rien à craindre si tout le monde vous voyait des yeux dont je vous vois; et je trouve en votre personne de quoi avoir raison aux choses que je fais pour vous. Mon coeur, pour sa défense, a tout votre mérite, appuyé du secours d'une reconnaissance où le ciel m'engage envers vous. Je me représente à toute heure ce péril étonnant qui commença de nous offrir aux regards l'un de l'autre; cette générosité surprenante qui vous fit risquer votre vie, pour dérober la mienne à la fureur des ondes; ces soins pleins de tendresse que vous me fîtes éclater après m'avoir tirée de l'eau, et les hommages assidus de cet ardent amour que ni le temps ni les difficultés n'ont rebuté, et qui, vous faisant négliger et parents et patrie, arrête vos pas en ces lieux, y tient en ma faveur votre fortune déguisée, et vous a réduit, pour me voir, à vous revêtir de l'emploi de domestique de mon père. Tout cela fait chez moi, sans doute, un merveilleux effet; et c'en est assez, à mes yeux, pour me justifier l'engagement où j'ai pu consentir; mais ce n'est pas assez peut-être pour le justifier aux autres, et je ne suis pas sûre qu'on entre dans mes sentiments.

- Valère -

De tout ce que vous avez dit, ce n'est que par mon seul amour que je prétends auprès de vous mériter quelque chose; et quant aux scrupules que vous avez, votre père lui-même ne prend que trop de soin de vous justifier à tout le monde, et l'excès de son avarice, et la manière austère dont il vit avec ses enfants, pourraient autoriser des choses plus étranges. Pardonnez-moi, charmante Élise, si j'en parle ainsi devant vous. Vous savez que, sur ce chapitre, on n'en peut pas dire de bien. Mais enfin, si je puis, comme je l'espère, retrouver mes parents, nous n'aurons pas beaucoup de peine à nous les rendre favorables. J'en attends des nouvelles avec impatience, et j'en irai chercher moi-même, si elles tardent à venir.

- Élise -

Ah! Valère, ne bougez d'ici, je vous prie, et songez seulement à vous bien mettre dans l'esprit de mon père.

- Valère -

Vous voyez comme je m'y prends, et les adroites complaisances qu'il m'a fallu mettre en usage pour m'introduire à son service; sous quel masque de sympathie et de rapports de sentiments je me déguise pour lui plaire, et quel personnage je joue tous les jours avec lui, afin d'acquérir sa tendresse. J'y fais des progrès admirables; et j'éprouve que, pour gagner les hommes, il n'est point de meilleure voie que de se parer à leurs yeux de leurs inclinations, que de donner dans leurs maximes, encenser leurs défauts, et applaudir à ce qu'ils font. On n'a que faire d'avoir peur de trop charger la complaisance; et la manière dont on les joue a beau être visible, les plus fins toujours sont de grandes dupes du côté de la flatterie, et il n'y a rien de si impertinent et de si ridicule qu'on ne fasse avaler, lorsqu'on l'assaisonne en louanges. La sincérité souffre un peu au métier que je fais; mais, quand on a besoin des hommes, il faut bien s'ajuster à eux, et puisqu'on ne saurait les gagner que par là, ce n'est pas la faute de ceux qui flattent, mais de ceux qui veulent être flattés.

- Élise -

Mais que ne tâchez-vous aussi de gagner l'appui de mon frère, en cas que la servante s'avisât de révéler notre secret?

- Valère -

On ne peut pas ménager l'un et l'autre; et l'esprit du père et celui du fils sont des choses si opposées, qu'il est difficile d'accommoder ces deux confidences ensemble. Mais vous, de votre part, agissez auprès de votre frère, et servez-vous de l'amitié qui est entre vous deux pour le jeter dans nos intérêts. Il vient. Je me retire. Prenez ce temps pour lui parler, et ne lui découvrez de notre affaire que ce que vous jugerez à propos.

- Élise -

Je ne sais si j'aurai la force de lui faire cette confidence.

SCÈNE II.

CLÉANTE, ÉLISE.

- Cléante -

Je suis bien aise de vous trouver seule, ma soeur; et je brûlais de vous parler, pour m'ouvrir à vous d'un secret.

- Élise -

Me voilà prête à vous ouïr, mon frère. Qu'avez-vous à me dire?

- Cléante -

Bien des choses, ma soeur, enveloppées dans un mot. J'aime.

- Élise -

Vous aimez?

- Cléante -

Oui, j'aime. Mais, avant que d'aller plus loin, je sais que je dépends d'un père, et que le nom de fils me soumet à ses volontés; que nous ne devons point engager notre foi sans le consentement de ceux dont nous tenons le jour; que le ciel les a faits les maîtres de nos voeux, et qu'il nous est enjoint de n'en disposer que par leur conduite; que, n'étant prévenus d'aucune folle ardeur, ils sont en état de se tromper bien moins que nous et de voir beaucoup mieux ce qui nous est propre; qu'il en faut plutôt croire les lumières de leur prudence que l'aveuglement de notre passion; et que l'emportement de la jeunesse nous entraîne le plus souvent dans des précipices fâcheux. Je vous dis tout cela, ma soeur, afin que vous ne vous donniez pas la peine de me le dire? car enfin mon amour ne veut rien écouter, et je vous prie de ne me point faire de remontrances.

- Élise -

Vous êtes-vous engagé, mon frère, avec celle que vous aimez?

- Cléante -

Non; mais j'y suis résolu, et je vous conjure encore une fois de ne me point apporter de raisons pour m'en dissuader.

- Élise -

Suis-je, mon frère, une si étrange personne?

- Cléante -

Non, ma soeur; mais vous n'aimez pas; vous ignorez la douce violence qu'un tendre amour fait sur nos coeurs, et j'appréhende votre sagesse.

- Élise -

Hélas! mon frère, ne parlons point de ma sagesse: il n'est personne qui n'en manque, du moins une fois en sa vie; et, si je vous ouvre mon coeur, peut-être serai-je à vos yeux bien moins sage que vous.

- Cléante -

Ah! plût au ciel que votre âme, comme la mienne…!

- Élise -

Finissons auparavant votre affaire, et me dites qui est celle que vous aimez.

- Cléante -

Une jeune personne qui loge depuis peu en ces quartiers, et qui semble être faite pour donner de l'amour à tous ceux qui la voient. La nature, ma soeur, n'a rien formé de plus aimable; et je me sentis transporté dès le moment que je la vis. Elle se nomme Mariane, et vit sous la conduite d'une bonne femme de mère qui est presque toujours malade, et pour qui cette aimable fille a des sentiments d'amitié qui ne sont pas imaginables. Elle la sert, la plaint et la console, avec une tendresse qui vous toucherait l'âme. Elle se prend d'un air le plus charmant du monde aux choses qu'elle fait; et l'on voit briller mille grâces en toutes ses actions, une douceur pleine d'attraits, une bonté toute engageante, une honnêteté adorable, une… Ah! ma soeur, je voudrais que vous l'eussiez vue!

- Élise -

J'en vois beaucoup, mon frère, dans les choses que vous me dites; et, pour comprendre ce qu'elle est, il me suffit que vous l'aimez.

- Cléante -

J'ai découvert sous main qu'elles ne sont pas fort accommodées (1), et que leur discrète conduite a de la peine à étendre à tous leurs besoins le bien qu'elles peuvent avoir. Figurez-vous, ma soeur, quelle joie ce peut être que de relever la fortune d'une personne que l'on aime; que de donner adroitement quelques petits secours aux modestes nécessités d'une vertueuse famille; et concevez quel déplaisir ce m'est de voir que, par l'avarice d'un père, je sois dans l'impuissance de goûter cette joie, et de faire éclater à cette belle aucun témoignage de mon amour.

- Élise -

Oui, je conçois assez, mon frère, quel doit être votre chagrin.

- Cléante -

Ah! ma soeur, il est plus grand qu'on ne peut croire. Car, enfin, peut-on rien voir de plus cruel que cette rigoureuse épargne qu'on exerce sur nous, que cette sécheresse étrange où l'on nous fait languir? Hé! que nous servira d'avoir du bien, s'il ne nous vient que dans le temps que nous ne serons plus dans le bel âge d'en jouir, et si, pour m'entretenir même, il faut que maintenant je m'engage de tous côtés; si je suis réduit avec vous à chercher tous les jours le secours des marchands, pour avoir moyen de porter des habits raisonnables? Enfin, j'ai voulu vous parler pour m'aider à sonder mon père sur les sentiments où je suis; et, si je l'y trouve contraire, j'ai résolu d'aller en d'autres lieux, avec cette aimable personne, jouir de la fortune que le ciel voudra nous offrir. Je fais chercher partout, pour ce dessein, de l'argent à emprunter; et, si vos affaires, ma soeur, sont semblables aux miennes, et qu'il faille que notre père s'oppose à nos désirs, nous le quitterons là tous deux, et nous affranchirons de cette tyrannie où nous tient depuis si longtemps son avarice insupportable.

- Élise -

Il est bien vrai que tous les jours il nous donne de plus en plus sujet de regretter la mort de notre mère, et que…

- Cléante -

J'entends sa voix. Eloignons-nous un peu pour achever notre confidence; et nous joindrons après nos forces pour venir attaquer la dureté de son humeur.

SCÈNE III.

HARPAGON, LA FLÈCHE.

- Harpagon -

Hors d'ici tout à l'heure, et qu'on ne réplique pas. Allons, que l'on détale de chez moi, maître juré filou, vrai gibier de potence!

- La Flèche -

(à part.) Je n'ai jamais rien vu de si méchant que ce maudit vieillard, et je pense, sauf correction, qu'il a le diable au corps.

- Harpagon -

Tu murmures entre tes dents?

- La Flèche -

Pourquoi me chassez-vous?

- Harpagon -

C'est bien à toi, pendard, à me demander des raisons! Sors vite, que je ne t'assomme.

- La Flèche -

Qu'est-ce que je vous ai fait?

- Harpagon -

Tu m'as fait que je veux que tu sortes.

- La Flèche -

Mon maître, votre fils, m'a donné ordre de l'attendre.

- Harpagon -

Va-t'en l'attendre dans la rue, et ne sois point dans ma maison, planté tout droit comme un piquet à observer ce qui se passe, et faire ton profit de tout. Je ne veux point avoir sans cesse devant moi un espion de mes affaires, un traître dont les yeux maudits assiègent toutes mes actions, dévorent ce que je possède, et furettent de tous côtés pour voir s'il n'y a rien à voler.

- La Flèche -

Comment diantre voulez-vous qu'on fasse pour vous voler? Êtes-vous un homme volable, quand vous renfermez toutes choses, et faites sentinelle jour et nuit?

- Harpagon -

Je veux renfermer ce que bon me semble, et faire sentinelle comme il me plaît. Ne voilà pas de mes mouchards (2), qui prennent garde à ce qu'on fait? (Bas, à part.)

Je tremble qu'il n'ait soupçonné quelque chose de mon argent. (Haut.) Ne serais-tu point homme à aller faire courir le bruit que j'ai chez moi de l'argent caché?

- La Flèche -

Vous avez de l'argent caché?

- Harpagon -

Non, coquin, je ne dis pas cela. (Bas.) J'enrage! (Haut.) Je demande si, malicieusement, tu n'irais point faire courir le bruit que j'en ai.

- La Flèche -

Hé! que nous importe que vous en ayez, ou que vous n'en ayez pas, si c'est pour nous la même chose?

- Harpagon -

(levant la main pour donner un soufflet à la Flèche.) Tu fais le raisonneur! Je te baillerai de ce raisonnement-ci par les oreilles. Sors d'ici, encore une fois.

- La Flèche -

Eh bien, je sors.

- Harpagon -

Attends: ne m'emportes-tu rien?

- La Flèche -

Que vous emporterais-je?

- Harpagon -

Tiens, viens çà, que je voie. Montre-moi tes mains.

- La Flèche -

Les voilà.

- Harpagon -

Les autres.

- La Flèche -

Les autres?

- Harpagon -

Oui.

- La Flèche -

Les voilà.

- Harpagon -

(montrant les hauts-de-chausses de la Flèche.)

N'as-tu rien mis ici dedans?

- La Flèche -

Voyez vous-même.

- Harpagon -

(tâtant le bas des hauts-de-chausses de la Flèche.)

Ces grands hauts-de-chausses sont propres à devenir les recéleurs des choses qu'on dérobe; et je voudrais qu'on en eût fait pendre quelqu'un.

- La Flèche -

(à part.) Ah! qu'un homme comme cela mériterait bien ce qu'il craint! Et que j'aurais de joie à la voler!

- Harpagon -

Euh?

- La Flèche -

Quoi?

- Harpagon -

Qu'est-ce que tu parles de voler?

- La Flèche -

Je vous dis que vous fouillez bien partout, pour voir si je vous ai volé.

- Harpagon -

C'est ce que je veux faire. (Harpagon fouille dans les poches de La Flèche.)

- La Flèche -

(à part.) La peste soit de l'avarice et des avaricieux!

- Harpagon -

Comment? que dis-tu?

- La Flèche -

Ce que je dis?

- Harpagon -

Oui. Qu'est-ce que tu dis d'avarice et d'avaricieux?

- La Flèche -

Je dis que la peste soit de l'avarice et des avaricieux!

- Harpagon -

De qui veux-tu parler?

- La Flèche -

Des avaricieux.

- Harpagon -

Et qui sont-ils, ces avaricieux?

- La Flèche -

Des vilains et des ladres.

- Harpagon -

Mais qui est-ce que tu entends par là?

- La Flèche -

De quoi vous mettez-vous en peine?

- Harpagon -

Je me mets en peine de ce qu'il faut.

- La Flèche -

Est-ce que vous croyez que je veux parler de vous?

- Harpagon -

Je crois ce que je crois; mais je veux que tu me dises à qui tu parles quand tu dis cela.

- La Flèche -

Je parle… je parle à mon bonnet.

- Harpagon -

Et moi, je pourrais bien parler à ta barrette (3).

- La Flèche -

M'empêcherez-vous de maudire les avaricieux?

- Harpagon -

Non; mais je t'empêcherai de jaser et d'être insolent. Tais-toi.

- La Flèche -

Je ne nomme personne.

- Harpagon -

Je te rosserai si tu parles.

- La Flèche -

Qui se sent morveux, qu'il se mouche.

- Harpagon -

Te tairas-tu?

- La Flèche -

Oui, malgré moi.

- Harpagon -

Ah! Ah!

- La Flèche -

(montrant à Harpagon une poches de son justaucorps.) Tenez, voilà encore une poche: êtes-vous satisfait?

- Harpagon -

Allons, rends-le-moi sans te fouiller.

- La Flèche -

Quoi?

- Harpagon -

Ce que tu m'as pris.

- La Flèche -

Je ne vous ai rien pris du tout.

- Harpagon -

Assurément?

- La Flèche -

Assurément.

- Harpagon -

Adieu. Va-t-en à tous les diables!

- La Flèche -

Me voilà fort bien congédié.

- Harpagon -

Je te le mets sur ta conscience, au moins.

SCÈNE IV.

HARPAGON.

- Harpagon -

Voilà un pendard de valet qui m'incommode fort; et je ne me plais point à voir ce chien de boiteux-là. Certes, ce n'est pas une petite peine que de garder chez soi une grande somme d'argent; et bienheureux qui a tout son fait bien placé, et ne conserve seulement que ce qu'il faut pour sa dépense! On n'est pas peu embarrassé à inventer, dans toute une maison, une cache fidèle; car pour moi, les coffres-forts me sont suspects, et je ne veux jamais m'y fier. Je les tiens justement une franche amorce à voleurs, et c'est toujours la première chose que l'on va attaquer.

SCÈNE V.

HARPAGON; ÉLISE ET CLÉANTE, PARLANT ENSEMBLE, ET RESTANT DANS LE FOND DU THÉÂTRE.

- Harpagon -

(se croyant seul.) Cependant, je ne sais si j'aurai bien fait d'avoir enterré, dans mon jardin, dix mille écus qu'on me rendit hier. Dix mille écus en or, chez soi, est une somme assez… (À part, apercevant Élise et Cléante.) O ciel! je me serai trahi moi-même! la chaleur m'aura emporté, et je crois que j'ai parlé haut, en raisonnant tout seul. (À Cléante et Élise.) Qu'est-ce?

- Cléante -

Rien, mon père.

- Harpagon -

Y a-t-il longtemps que vous êtes là?

- Élise -

Nous ne venons que d'arriver.

- Harpagon -

Vous avez entendu…

- Cléante -

Quoi, mon père?

- Harpagon -

Là…

- Élise -

Quoi?

- Harpagon -

Ce que je viens de dire.

- Cléante -

Non.

- Harpagon -

Si fait, si fait.

- Élise -

Pardonnez-moi.

- Harpagon -

Je vois bien que vous en avez ouï quelques mots. C'est que je m'entretenais en moi-même de la peine qu'il y a aujourd'hui à trouver de l'argent, et je disais qu'il est bien heureux qui peut avoir dix mille écus chez soi.

- Cléante -

Nous feignions à vous aborder, de peur de vous interrompre.

- Harpagon -

Je suis bien aise de vous dire cela, afin que vous n'alliez pas prendre les choses de travers, et vous imaginer que je dise que c'est moi qui ai dix mille écus.

- Cléante -

Nous n'entrons point dans vos affaires.

- Harpagon -

Plût à Dieu que je les eusse, dix mille écus!

- Cléante -

Je ne crois pas…

- Harpagon -

Ce serait une bonne affaire pour moi.

- Élise -

Ces sont des choses…

- Harpagon -

J'en aurais bon besoin.

- Cléante -

Je pense que…

- Harpagon -

Cela m'accommoderait fort.

- Élise -

Vous êtes…

- Harpagon -

Et je ne me plaindrais pas, comme je le fais, que le temps est misérable.

- Cléante -

Mon Dieu! mon père, vous n'avez pas lieu de vous plaindre et l'on sait que vous avez assez de bien.

- Harpagon -

Comment, j'ai assez de bien! Ceux qui le disent en ont menti. Il n'y a rien de plus faux; et ce sont des coquins qui font courir tous ces bruits-là.

- Élise -

Ne vous mettez point en colère.

- Harpagon -

Cela est étrange que mes propres enfants me trahissent et deviennent mes ennemis.

- Cléante -

Est-ce être votre ennemi que de dire que vous avez du bien?

- Harpagon -

Oui. De pareils discours, et les dépenses que vous faites, seront cause qu'un de ces jours on me viendra chez moi couper la gorge, dans la pensée que je suis tout cousu de pistoles.

- Cléante -

Quelle grande dépense est-ce que je fais?

- Harpagon -

Quelle? Est-il rien de plus scandaleux que ce somptueux équipage que vous promenez par la ville? Je querellais hier votre soeur; mais c'est encore pis. Voilà qui crie vengeance au ciel; et, à vous prendre depuis les pieds jusqu'à la tête, il y aurait là de quoi faire une bonne constitution. Je vous l'ai dit vingt fois, mon fils, toutes vos manières me déplaisent fort; vous donnez furieusement dans le marquis; et, pour aller ainsi vêtu, il faut bien que vous me dérobiez.

- Cléante -

Hé! comment vous dérober?

- Harpagon -

Que sais-je? Où pouvez-vous donc prendre de quoi entretenir l'état que vous portez?

- Cléante -

Moi, mon père? C'est que je joue; et, comme je suis fort heureux, je mets sur moi tout l'argent que je gagne.

- Harpagon -

C'est fort mal fait. Si vous êtes heureux au jeu, vous en devriez profiter, et mettre à honnête intérêt l'argent que vous gagnez, afin de le trouver un jour. Je voudrais bien savoir, sans parler du reste, à quoi servent tous ces rubans dont vous voilà lardé depuis les pieds jusqu'à la tête, et si une demi-douzaine d'aiguillettes ne suffit pas pour attacher un haut-de-chausses. Il est bien nécessaire d'employer de l'argent à des perruques, lorsque l'on peut porter des cheveux de son cru, qui ne coûtent rien! Je vais gager qu'en perruques et rubans il y a du moins vingt pistoles; et vingt pistoles rapportent par année dix-huit livres six sols huit deniers, à ne les placer qu'au denier douze (4).

- Cléante -

Vous avez raison.

- Harpagon -

Laissons cela, et parlons d'autre affaire. Euh? (Apercevant Cléante et Élise qui se font des signes.) Hé! (Bas, à part.) Je crois qu'ils se font signe l'un à l'autre de me voler ma bourse. (Haut.)

Que veulent dire ces gestes-là?

- Élise -

Nous marchandons, mon frère et moi, à qui parlera le premier, et nous avons tous deux quelque chose à vous dire.

- Harpagon -

Et moi, j'ai quelque chose aussi à vous dire à tous deux.

- Cléante -

C'est de mariage, mon père, que nous désirons vous parler.

- Harpagon -

Et c'est de mariage aussi que je veux vous entretenir.

- Élise -

Ah! mon père!

- Harpagon -

Pourquoi ce cri? Est-ce le mot, ma fille, ou la chose, qui vous fait peur?

- Cléante -

Le mariage peut nous faire peur à tous deux, de la façon que vous pouvez l'entendre; et nous craignons que nos sentiments ne soient pas d'accord avec votre choix.

- Harpagon -

Un peu de patience; ne vous alarmez point. Je sais ce qu'il faut à tous deux, et vous n'aurez, ni l'un ni l'autre, aucun lieu de vous plaindre de tout ce que je prétends faire; et, pour commencer par un bout, (À Cléante.) avez-vous vu, dites-moi, une jeune personne appelée Mariane, qui ne loge pas loin d'ici?

- Cléante -

Oui, mon père.

- Harpagon-

Et vous?

- Élise -

J'en ai ouï parler.

- Harpagon -

Comment, mon fils, trouvez-vous cette fille?

- Cléante -

Une fort charmante personne.

- Harpagon -

Sa physionomie?

- Cléante -

Tout honnête et pleine d'esprit.

- Harpagon -

Son air et sa manière?

- Cléante -

Admirables, sans doute.

- Harpagon -

Ne croyez-vous pas qu'une fille comme cela mériterait assez que l'on songeât à elle?

- Cléante -

Oui, mon père.

- Harpagon -

Que ce serait un parti souhaitable?

- Cléante -

Très souhaitable.

- Harpagon -

Qu'elle a toute la mine de faire un bon ménage?

- Cléante -

Sans doute.

- Harpagon -

Et qu'un mari aurait satisfaction avec elle?

- Cléante -

Assurément.

- Harpagon -

Il y a une petite difficulté: c'est que j'ai peur qu'il n'y ait pas, avec elle, tout le bien qu'on pourrait prétendre.

- Cléante -

Ah! mon père, le bien n'est pas considérable, lorsqu'il est question d'épouser une honnête personne.

- Harpagon -

Pardonnez-moi, pardonnez-moi. Mais ce qu'il y a à dire, c'est que, si l'on n'y trouve pas tout le bien qu'on souhaite, on peut tâcher de regagner cela sur autre chose.

- Cléante -

Cela s'entend.

- Harpagon -

Enfin je suis bien aise de vous voir dans mes sentiments; car son maintien honnête et sa douceur m'ont gagné l'âme, et je suis résolu de l'épouser, pourvu que j'y trouve quelque bien.

- Cléante -

Euh?

- Harpagon -

Comment?

- Cléante -

Vous êtes résolu, dites-vous…?

- Harpagon -

D'épouser Mariane.

- Cléante -

Qui? Vous, vous?

- Harpagon -

Oui, moi, moi, moi. Que veut dire cela?

- Cléante -

Il m'a pris tout à coup un éblouissement, et je me retire d'ici.

- Harpagon -

Cela ne sera rien. Allez vite boire dans la cuisine un grand verre d'eau claire.

SCÈNE VI.

HARPAGON, ÉLISE.

- Harpagon -

Voilà de mes damoiseaux flouets (5), qui n'ont non plus de vigueur que des poules. C'est là, ma fille, ce que j'ai résolu pour moi. Quant à ton frère, je lui destine une certaine veuve dont, ce matin, on m'est venu parler; et, pour toi, je te donne au seigneur Anselme.

- Élise -

Au seigneur Anselme?

- Harpagon -

Oui, Un homme mûr, prudent et sage, qui n'a pas plus de cinquante ans, et dont on vante les grands biens.

- Élise -

(faisant une révérence.) Je ne veux point me marier, mon père, s'il vous plaît.

- Harpagon -

(contrefaisant Élise.) Et moi, ma petite fille, ma mie, je veux que vous vous mariiez, s'il vous plaît.

- Élise -

(faisant encore la révérence.) Je vous demande pardon, mon père.

- Harpagon -

(contrefaisant Élise.) Je vous demande pardon, ma fille.

- Élise -

Je suis très humble servante au seigneur Anselme; mais, (Faisant encore la révérence.) avec votre permission, je ne l'épouserai point.

- Harpagon -

Je suis votre très humble valet; mais, (Contrefaisant Élise.) avec votre permission, vous l'épouserez dès ce soir.

- Élise -

Dès ce soir?

- Harpagon -

Dès ce soir.

- Élise -

(faisant encore la révérence.) Cela ne sera pas, mon père.

- Harpagon -

(contrefaisant encore Élise.)Cela sera, ma fille.

- Élise -

Non.

- Harpagon -

Si.

- Élise -

Non, vous dis-je.

- Harpagon -

Si, vous dis-je.

- Élise -

C'est une chose où vous ne me réduirez point.

- Harpagon -

C'est une chose où je te réduirai.

- Élise -

Je me tuerai plutôt que d'épouser un tel mari.

- Harpagon -

Tu ne te tueras point, et tu l'épouseras. Mais voyez quelle audace! A-t-on jamais vu une fille parler de la sorte à son père?

- Élise -

Mais a-t-on jamais vu un père marier sa fille de la sorte?

- Harpagon -

C'est un parti où il n'y a rien à redire! et je gage que tout le monde approuvera mon choix.

- Élise -

Et moi, je gage qu'il ne saurait être approuvé d'aucune personne raisonnable.

- Harpagon -

(apercevant Valère de loin.) Voilà Valère. Veux-tu qu'entre nous deux nous le fassions juge de cette affaire?

- Élise -

J'y consens.

- Harpagon -

Te rendras-tu à son jugement?

- Élise -

Oui. J'en passerai par ce qu'il dira.

- Harpagon -

Voilà qui est fait.

SCÈNE VII.

VALÈRE, HARPAGON, ÉLISE.

- Harpagon -

Ici, Valère. Nous t'avons élu pour nous dire qui a raison de ma fille ou de moi.

- Valère -

C'est vous, monsieur, sans contredit.

- Harpagon -

Sais-tu bien de quoi nous parlons?

- Valère -

Non; mais vous ne sauriez avoir tort, et vous êtes toute raison.

- Harpagon -

Je veux ce soir lui donner pour époux un homme aussi riche que sage; et la coquine me dit au nez qu'elle se moque de le prendre. Que dis-tu de cela?

- Valère -

Ce que j'en dis?

- Harpagon -

Oui.

- Valère -

Hé! hé!

- Harpagon -

Quoi!

- Valère -

Je dis que, dans le fond, je suis de votre sentiment; et vous ne pouvez pas que vous n'ayez raison (6). mais aussi n'a-t-elle pas tort tout à fait, et...

- Harpagon -

Comment? Le seigneur Anselme est un parti considérable; c'est un gentilhomme qui est noble, doux, posé, sage et fort accommodé, et auquel il ne reste aucun enfant de son premier mariage. Saurait-elle mieux rencontrer?

- Valère -

Cela est vrai. Mais elle pourrait vous dire que c'est un peu précipiter les choses, et qu'il faudrait au moins quelque temps pour voir si son inclination pourra s'accommoder avec...

- Harpagon -

C'est une occasion qu'il faut prendre vite aux cheveux. Je trouve ici un avantage qu'ailleurs je ne trouverais pas; et il s'engage à la prendre sans dot.

- Valère -

Sans dot?

- Harpagon -

Oui.

- Valère -

Ah! je ne dis plus rien. Voyez-vous? voilà une raison tout à fait convaincante; il se faut rendre à cela.

- Harpagon -

C'est pour moi une épargne considérable.

- Valère -

Assurément; cela ne reçoit point de contradiction. Il est vrai que votre fille vous peut représenter que le mariage est une plus grande affaire qu'on ne peut croire; qu'il y va d'être heureux ou malheureux toute sa vie; et qu'un engagement qui doit durer jusqu'à la mort ne se doit jamais faire qu'avec de grandes précautions.

- Harpagon -

Sans dot!

- Valère -

Vous avez raison! voilà qui décide tout; cela s'entend. Il y a des gens qui pourraient vous dire qu'en de telles occasions l'inclination d'une fille est une chose, sans doute, où l'on doit avoir de l'égard; et que cette grande inégalité d'âge, d'humeur et de sentiments, rend un mariage sujet à des accidents fâcheux.

- Harpagon -

Sans dot!

- Valère -

Ah! il n'y a pas de réplique à cela; on le sait bien! Qui diantre peut aller là contre? Ce n'est pas qu'il n'y ait quantité de pères qui aimeraient mieux ménager la satisfaction de leurs filles que l'argent qu'ils pourraient donner; qui ne les voudraient point sacrifier à l'intérêt, et chercheraient, plus que toute autre chose, à mettre dans un mariage cette douce conformité qui sans cesse y maintient l'honneur, la tranquillité et la joie; et que…

- Harpagon -

Sans dot!

- Valère -

Il est vrai; cela ferme la bouche à tout. Sans dot! Le moyen de résister à une raison comme celle-là!

- Harpagon -

(à part, regardant du côté le jardin.) Ouais! Il me semble que j'entends un chien qui aboie. N'est-ce point qu'on en voudrait à mon argent? (A Valère.) Ne bougez, je reviens tout à l'heure.

SCÈNE VIII.

ÉLISE, VALÈRE.

- Élise -

Vous moquez-vous, Valère, de lui parler comme vous faites?

- Valère -

C'est pour ne point l'aigrir, et pour en venir mieux à bout. Heurter de front ses sentiments est le moyen de tout gâter; et il y a de certains esprits qu'il ne faut prendre qu'en biaisant; des tempéraments ennemis de toute résistance; des naturels rétifs, que la vérité fait cabrer, qui toujours se raidissent contre le droit chemin de la raison, et qu'on ne mène qu'en tournant où l'on veut les conduire. Faites semblant de consentir à ce qu'il veut, vous en viendrez mieux à vos fins, et…

- Élise -

Mais ce mariage, Valère!

- Valère -

On cherchera des biais pour le rompre.

- Élise -

Mais quelle invention trouver, s'il se doit conclure ce soir?

- Valère -

Il faut demander un délai, et feindre quelque maladie.

- Élise -

Mais on découvrira la feinte, si l'on appelle des médecins.

- Valère -

Vous moquez-vous? Y connaissent-ils quelque chose? Allez, allez, vous pourrez avec eux avoir quel mal il vous plaira, ils vous trouveront des raisons pour vous dire d'où cela vient.

SCÈNE IX.

Harpagon, Valère, Élise.

- Harpagon -

(à part, dans le fond du théâtre.) Ce n'est rien, Dieu merci.

- Valère -

(sans voir Harpagon.) Enfin notre dernier recours, c'est que la fuite nous peut mettre à couvert de tout; et, si votre amour, belle Élise, est capable d'une fermeté… (Apercevant Harpagon.) Oui, il faut qu'une fille obéisse à son père. Il ne faut point qu'elle regarde comme un mari est fait; et lorsque la grande raison de "sans dot" s'y rencontre, elle doit être prête à prendre tout ce qu'on lui donne.

- Harpagon -

Bon: voilà bien parlé, cela!

- Valère -

Monsieur, je vous demande pardon si je m'emporte un peu, et prends la hardiesse de lui parler comme je fais.

- Harpagon -

Comment! j'en suis ravi, et je veux que tu prennes sur elle un pouvoir absolu. (A Élise.) Oui, tu as beau fuir, je lui donne l'autorité que le ciel me donne sur toi, et j'entends que tu fasses tout ce qu'il te dira.

- Valère -

(A Élise.) Après cela, résistez à mes remontrances.

SCÈNE X.

HARPAGON, VALÈRE.

- Valère -

Monsieur, je vais la suivre, pour continuer les leçons que je lui faisais.

- Harpagon -

Oui, tu m'obligeras. Certes…

- Valère -

Il est bon de lui tenir un peu la bride haute.

- Harpagon -

Cela est vrai. Il faut…

- Valère -

Ne vous mettez pas en peine, je crois que j'en viendrai à bout.

- Harpagon -

Fais, fais. Je m'en vais faire un petit tour en ville, et reviens tout à l'heure.

- Valère -

(adressant la parole à Élise, en s'en allant du côté par où elle est sortie.) Oui, l'argent est plus précieux que toutes les choses du monde, et vous devez rendre grâce au ciel de l'honnête homme de père qu'il vous a donné. Il sait ce que c'est que de vivre. Lorsqu'on s'offre de prendre une fille sans dot, on ne doit point regarder plus avant. Tout est renfermé là-dedans; et "sans dot" tient lieu de beauté, de jeunesse, de naissance, d'honneur, de sagesse, et de probité.

- Harpagon -

Ah! le brave garçon! Voilà parlé comme un oracle. Heureux qui peut avoir un domestique de la sorte!

ACTE SECOND.

SCÈNE PREMIÈRE.

CLÉANTE, LA FLÈCHE.

- Cléante -

Ah! traître que tu es! où t'es-tu donc allé fourrer? Ne t'avais-je pas donné ordre…?

- La Flèche -

Oui, Monsieur; et je m'étais rendu ici pour vous attendre de pied ferme: mais monsieur votre père, le plus malgracieux des hommes, m'a chassé dehors malgré moi, et j'ai couru le risque d'être battu.

- Cléante -

Comment va notre affaire? Les choses pressent plus que jamais; et, depuis que je t'ai vu, j'ai découvert que mon père est mon rival.

- La Flèche -

Votre père amoureux?

- Cléante -

Oui; et j'ai eu toutes les peines du monde à lui cacher le trouble où cette nouvelle m'a mis.

- La Flèche -

Lui, se mêler d'aimer! De quoi diable s'avise-t-il? Se moque-t-il du monde? Et l'amour a-t-il été fait pour des gens bâtis comme lui?

- Cléante -

Il a fallu, pour mes péchés, que cette passion lui soit venue en tête.

- La Flèche -

Mais par quelle raison lui faire un mystère de votre amour?

- Cléante -

Pour lui donner moins de soupçon, et me conserver, au besoin, des ouvertures plus aisées pour détourner ce mariage. Quelle réponse t'a-t-on faite?

- La Flèche -

Ma foi, Monsieur, ceux qui empruntent sont bien malheureux; et il faut essuyer d'étranges choses, lorsqu'on en est réduit à passer, comme vous, par les mains des fesse-matthieux (7).

- Cléante -

L'affaire ne se fera point?

- La Flèche -

Pardonnez-moi. Notre maître Simon, le courtier qu'on nous a donné, homme agissant et plein de zèle, dit qu'il a fait rage pour vous, et il assure que votre seule physionomie lui a gagné le coeur.

- Cléante -

J'aurai les quinze mille francs que je demande?

- La Flèche -

Oui; mais à quelques petites conditions qu'il faudra que vous acceptiez, si vous avez dessein que les choses se fassent.

- Cléante -

T'a-t-il fait parler à celui qui doit prêter l'argent?

- La Flèche -

Ah! vraiment, cela ne va pas de la sorte. Il apporte encore plus de soin à se cacher que vous; et ce sont des mystères bien plus grands que vous ne pensez. On ne veut point du tout dire son nom; et l'on doit aujourd'hui l'aboucher avec vous dans une maison empruntée, pour être instruit par votre bouche de votre bien et de votre famille; et je ne doute point que le seul nom de votre père ne rende les choses faciles.

- Cléante -

Et principalement notre mère étant morte, dont on ne peut m'ôter le bien.

- La Flèche -

Voici quelques articles qu'il a dictés lui-même à notre entremetteur, pour vous être montrés avant que de rien faire:

> "Supposé que le prêteur voie toutes ses sûretés, et que l'emprunteur soit majeur et d'une famille où le bien soit ample, solide, assuré, clair, et net de tout embarras, on fera une bonne et exacte obligation par-devant un notaire, le plus honnête homme qu'il se pourra, et qui, pour cet effet sera choisi par le prêteur, auquel il importe le plus que l'acte soit dûment dressé."

- Cléante -

Il n'y a rien à dire à cela.

- La Flèche -

> "Le prêteur, pour ne charger Sa conscience d'aucun scrupule, prétend ne donner son argent qu'au denier dix-huit. (8)"

- Cléante -

Au denier dix-huit? Parbleu, voilà qui est honnête! Il n'y a pas lieu de se plaindre.

- La Flèche -

Cela est vrai.

> "Mais, comme ledit prêteur n'a pas chez lui la somme dont il est question,

et que, pour faire plaisir à l'emprunteur il est contraint lui-même de l'emprunter d'un autre sur le pied du denier cinq (9), il conviendra que ledit premier emprunteur paye cet intérêt, sans préjudice du reste, attendu que ce n'est que pour l'obliger que ledit prêteur s'engage à cet emprunt."

- Cléante -

Comment diable! Quel Juif, quel Arabe est-ce là? C'est plus qu'au denier quatre (10).

- La Flèche -

Il est vrai; c'est ce que j'ai dit. Vous avez à voir là-dessus.

- Cléante -

Que veux-tu que je voie? J'ai besoin d'argent, et il faut bien que je consente à tout.

- La Flèche -

C'est la réponse que j'ai faite.

- Cléante -

Il y a encore quelque chose?

- La Flèche -

Ce n'est plus qu'un petit article.

"Des quinze mille francs qu'on demande, le prêteur ne pourra compter en argent que douze mille livres; et, pour les mille écus restants, il faudra que l'emprunteur prenne les hardes, nippes, bijoux, dont s'ensuit le mémoire, et que ledit prêteur a mis, de bonne foi, au plus modique prix qu'il lui a été possible."

- Cléante -

Que veut dire cela?

- La Flèche -

Ecoutez le mémoire:

> "Premièrement, un lit de quatre pieds à bandes de point de Hongrie, appliquées fort proprement sur un drap de couleur d'olive, avec six chaises et la courte-pointe de même: le tout bien conditionné, et doublé d'un petit taffetas changeant rouge et bleu. Plus, un pavillon à queue, d'une bonne serge d'Aumale rose sèche, avec le mollet et les franges de soie."

- Cléante -

Que veut-il que je fasse de cela?

- La Flèche -

Attendez.

> "Plus une tenture de tapisserie des Amours de Gombaud et de Macée. Plus, une grande table de bois de noyer, à douze colonnes ou piliers tournés, qui se tire par les deux bouts, et garnie par le dessous de ses six escabelles."

- Cléante -

Qu'ai-je affaire, morbleu…?

- La Flèche -

Donnez-vous patience.

> "Plus trois gros mousquets tout garnis de nacre de perle, avec les trois fourchettes assortissantes (11). Plus un fourneau de brique, avec deux

cornues et trois récipients, fort utiles à ceux qui sont curieux de distiller."

- Cléante -

J'enrage!

- La Flèche -

Doucement.

"Plus, un luth de Bologne, garni de toutes ses cordes, ou peu s'en faut

Plus, un trou-madame et un damier, avec un jeu de l'oie, renouvelé des Grecs, fort propres à passer le temps lorsque l'on n'a que faire.

Plus, une peau d'un lézard de trois pieds et demi, rempliede foin; curiosité agréable pour pendre au plancher d'une chambre.

Le tout, ci-dessus mentionné, valant loyalement plus dequatre mille cinq cents livres, et rabaissé à la valeur de mille écus par la discrétion du prêteur."

- Cléante -

Que la peste l'étouffe avec sa discrétion, le traître, le bourreau qu'il est! A-t-on jamais parlé d'une usure semblable, et n'est-il pas content du furieux intérêt qu'il exige, sans vouloir encore m'obliger à prendre pour trois mille livres les vieux rogatons qu'il ramasse? Je n'aurai pas deux cents écus de tout cela; et cependant il faut bien me résoudre à consentir à ce qu'il veut: car il est en état de me faire tout accepter, et il me tient, le scélérat, le poignard sur la gorge.

- La Flèche -

Je vous vois, Monsieur, ne vous en déplaise, dans le grand chemin justement que tenait Panurge pour se ruiner, prenant argent d'avance, achetant cher, vendant à bon marché et mangeant son blé en herbe.

- Cléante -

Que veux-tu que j'y fasse? Voilà où les jeunes gens sont réduits par la maudite avarice des pères; et on s'étonne, après cela, que les fils souhaitent qu'ils meurent!

- La Flèche -

Il faut convenir que le vôtre animerait contre sa vilenie le plus posé homme du monde. Je n'ai pas, Dieu merci, les inclinations fort patibulaires; et, parmi mes confrères que je vois se mêler de beaucoup de petits commerces, je sais tirer adroitement mon épingle du jeu, et me démêler prudemment de toutes les galanteries qui sentent tant soit peu l'échelle; mais, à vous dire vrai, il me donnerait, par ses procédés, des tentations de le voler; et je croirais, en le volant, faire une action méritoire.

- Cléante -

Donne-moi un peu ce mémoire, que je le voie encore.

SCÈNE II.

HARPAGON, MAÎTRE SIMON; CLÉANTE ET LA FLÈCHE DANS LE FOND DU THÉÂTRE.

- Maître Simon -

Oui, Monsieur, c'est un jeune homme qui a besoin d'argent; ses affaires le pressent d'en trouver, et il en passera par tout ce que vous en prescrirez.

- Harpagon -

Mais croyez-vous, maître Simon, qu'il n'y ait rien à péricliter? et savez-vous le nom, les biens et la famille de celui pour qui vous parlez?

- Maître Simon -

Non. Je ne puis pas bien vous en instruire à fond; et ce n'est que par aventure que l'on m'a adressé à lui; mais vous serez de toutes choses éclairci par lui-même, et son homme m'a assuré que vous serez content quand vous le connaîtrez. Tout ce que je saurais vous dire, c'est que sa famille est fort riche, qu'il n'a plus de mère déjà, et qu'il s'obligera, si vous voulez, que son père mourra avant qu'il soit huit mois.

- Harpagon -

C'est quelque chose que cela. La charité, maître Simon, nous oblige à faire plaisir aux personnes, lorsque nous le pouvons.

- Maître Simon -

Cela s'entend.

- La Flèche -

(bas, à Cléante, reconnaissant maître Simon.) Que veut dire ceci? Notre maître Simon qui parle à votre père!

- Cléante -

(bas, à La Flèche.) Lui aurait-on appris qui je suis? et serais-tu pour nous trahir?

- Maître Simon -

(à Cléante et à La Flèche.) Ah! ah! vous êtes bien pressés! Qui vous a dit que c'était céans? (À Harpagon.) Ce n'est pas moi, Monsieur, au moins, qui leur ai découvert votre nom et votre logis; mais, à mon avis, il n'y a pas grand mal à cela: ce sont des personnes discrètes, et vous pouvez ici vous expliquer ensemble.

- Harpagon -

Comment?

- Maître Simon -

(montrant Cléante.) Monsieur est la personne qui veut vous emprunter les quinze mille livres dont je vous ai parlé.

- Harpagon -

Comment, pendard! c'est toi qui t'abandonnes à ces coupables extrémités!

- Cléante -

Comment! mon père, c'est vous qui vous portez à ces honteuses actions! (Maître Simon s'enfuit, et La Flèche va se cacher.)

SCÈNE III.

HARPAGON, CLÉANTE.

- Harpagon -

C'est toi qui te veux ruiner par des emprunts si condamnables!

- Cléante -

C'est vous qui cherchez à vous enrichir par des usures si criminelles!

- Harpagon -

Oses-tu bien, après cela, paraître devant moi?

- Cléante -

Osez-vous bien, après cela, vous présenter aux yeux du monde?

- Harpagon -

N'as-tu point de honte, dis-moi, d'en venir à ces débauches-là, de te précipiter dans des dépenses effroyables, et de faire une honteuse dissipation du bien que tes parents t'ont amassé avec tant de sueurs?

- Cléante -

Ne rougissez-vous point de déshonorer votre condition par les commerces que vous faites; de sacrifier gloire et réputation au désir insatiable d'entasser écu sur écu, et de renchérir, en fait d'intérêts, sur les plus infâmes subtilités qu'aient jamais inventées les plus célèbres usuriers?

- Harpagon -

Ôte-toi de mes yeux, coquin! ôte-toi de mes yeux!

- Cléante -

Qui est plus criminel, à votre avis, ou celui qui achète un argent dont il a besoin, ou bien celui qui vole un argent dont il n'a que faire?

- Harpagon -

Retire-toi, te dis-je, et ne m'échauffe pas les oreilles. (Seul.) Je ne suis pas fâché de cette aventure; et ce m'est un avis de tenir l'oeil plus que jamais sur toutes ses actions.

SCÈNE IV.

FROSINE, HARPAGON.

- Frosine -

Monsieur...

- Harpagon -

Attendez un moment; Je vais revenir vous parler. (A part.) Il est à propos que je fasse un petit tour à mon argent.

SCÈNE V.

LA FLÈCHE, FROSINE.

- La Flèche -

(sans voir Frosine.) L'aventure est tout à fait drôle! Il faut bien qu'il ait quelque part un ample magasin de hardes, car nous n'avons rien reconnu au mémoire que nous avons.

- Frosine -

Hé! c'est toi, mon pauvre la Flèche! D'où vient cette rencontre?

- La Flèche -

Ah! ah! c'est toi, Frosine! Que viens-tu faire ici?

- Frosine -

Ce que je fais partout ailleurs: m'entremettre d'affaires, me rendre serviable aux gens, et profiter, du mieux qu'il m'est possible, des petits talents que je puis avoir. Tu sais que dans ce monde, il faut vivre d'adresse, et qu'aux personnes comme moi le ciel n'a donné d'autres rentes que l'intrigue et que l'industrie.

- La Flèche -

As-tu quelque négoce avec le patron du logis?

- Frosine -

Oui, je traite pour lui quelque petite affaire dont j'espère récompense.

- La Flèche -

De lui? Ah! ma foi, tu seras bien fine si tu en tires quelque chose, et je te donne avis que l'argent céans est fort cher.

- Frosine -

Il y a de certains services qui touchent merveilleusement.

- La Flèche -

Je suis votre valet; et tu ne connais pas encore le seigneur Harpagon. Le seigneur Harpagon est de tous les humains l'humain le moins humain, le mortel de tous les mortels le plus dur et le plus serré. Il n'est point de service qui pousse sa reconnaissance jusqu'à lui faire ouvrir les mains. De la louange, de l'estime, de la bienveillance en paroles, et de l'amitié, tant qu'il vous plaira; mais de l'argent, point d'affaires. Il n'est rien de plus sec et de plus aride que ses bonnes grâces et ses caresses; et "donner" est un mot pour qui il a tant d'aversion, qu'il ne dit jamais, "Je vous donne", mais "Je vous prête le bonjour".

- Frosine -

Mon Dieu! je sais l'art de traire les hommes; j'ai le secret de m'ouvrir leur tendresse, de chatouiller leurs coeurs, de trouver les endroits par où ils sont sensibles.

- La Flèche -

Bagatelles ici. Je te défie d'attendrir du côté de l'argent l'homme dont il est question. Il est Turc là-dessus, mais d'une turquerie à désespérer tout le monde; et l'on pourrait crever, qu'il n'en branlerait pas. En un mot, il aime l'argent plus que réputation, qu'honneur, et que vertu; et la vue d'un demandeur lui donne des convulsions: c'est le frapper par son endroit mortel, c'est lui percer le coeur, c'est lui arracher les entrailles; et si… Mais il revient: je me retire.

SCÈNE VI.

HARPAGON, FROSINE.

- Harpagon -

(bas.) Tout va comme il faut. (Haut.) Hé bien! qu'est-ce, Frosine?

- Frosine -

Ah! mon Dieu, que vous vous portez bien, et que vous avez là un vrai visage de santé!

- Harpagon -

Qui? moi?

- Frosine -

Jamais je ne vous vis un teint si frais et si gaillard.

- Harpagon -

Tout de bon?

- Frosine -

Comment! vous n'avez de votre vie été si jeune que vous êtes; et je vois des gens de vingt-cinq ans qui sont plus vieux que vous.

- Harpagon -

Cependant, Frosine, j'en ai soixante bien comptés.

- Frosine -

Eh bien, qu'est-ce que cela, soixante ans? Voilà bien de quoi! C'est la fleur de l'âge, cela, et vous entrez maintenant dans la belle saison de l'homme.

- Harpagon -

Il est vrai; mais vingt années de moins, pourtant, ne me feraient point de mal, que je crois.

- Frosine -

Vous moquez-vous? Vous n'avez pas besoin de cela, et vous êtes d'une pâte à vivre jusques à cent ans.

- Harpagon -

Tu le crois?

- Frosine -

Assurément. Vous en avez toutes les marques. Tenez-vous un peu. Oh! que voilà bien là, entre vos deux yeux, un signe de longue vie!

- Harpagon -

Tu te connais à cela?

- Frosine -

Sans doute. Montrez-moi votre main. Mon Dieu, quelle ligne de vie!

- Harpagon -

Comment?

- Frosine -

Ne voyez-vous pas jusqu'où va cette ligne-là?

- Harpagon -

Eh bien! qu'est-ce que cela veut dire?

- Frosine -

Par ma foi, je disais cent ans; mais vous passerez les six-vingts.

- Harpagon -

Est-il possible?

- Frosine -

Il faudra vous assommer, vous dis-je; et vous mettrez en terre et vos enfants, et les enfants de vos enfants.

- Harpagon -

Tant mieux! Comment va notre affaire?

- Frosine -

Faut-il le demander? et me voit-on mêler de rien dont je ne vienne à bout? J'ai, surtout pour les mariages, un talent merveilleux. Il n'est point de partis au monde que je ne trouve en peu de temps le moyen d'accoupler; et je crois, si je me l'étais mis en tête, que je marierais le Grand Turc avec la République de Venise. Il n'y avait pas, sans doute, de si grandes difficultés à cette affaire-ci. Comme j'ai commerce chez elles, je les ai à fond l'une et l'autre entretenues de vous; et j'ai dit à la mère le dessein que vous aviez conçu pour Mariane, à la voir passer dans la rue et prendre l'air à sa fenêtre.

- Harpagon -

Qui a fait réponse…

- Frosine -

Elle a reçu la proposition avec joie; et quand je lui ai témoigné que vous souhaitiez fort que sa fille assistât ce soir au contrat de mariage qui se doit faire de la vôtre, elle y a consenti sans peine, et me l'a confiée pour cela.

- Harpagon -

C'est que je suis obligé, Frosine, de donner à souper au seigneur Anselme; et je serai bien aise qu'elle soit du régal.

- Frosine -

Vous avez raison. Elle doit, après dîner, rendre visite à votre fille, d'où elle fait son compte d'aller faire un tour à la foire, pour venir ensuite au souper.

- Harpagon -

Eh bien, elles iront ensemble dans mon carrosse, que je leur prêterai.

- Frosine -

Voilà justement son affaire.

- Harpagon -

Mais, Frosine, as-tu entretenu la mère touchant le bien qu'elle peut donner à sa fille? Lui as-tu dit qu'il fallait qu'elle s'aidât un peu, qu'elle fît quelque effort, qu'elle se saignât pour une occasion comme celle-ci? Car encore n'épouse-t-on point une fille sans qu'elle apporte quelque chose.

- Frosine -

Comment! C'est une fille qui vous apportera douze mille livres de rente.

- Harpagon -

Douze mille livres de rente?

- Frosine -

Oui. Premièrement, elle est nourrie et élevée dans une grande épargne de bouche. C'est une fille accoutumée à vivre de salade, de lait, de fromage et de pommes, et à laquelle, par conséquent, il ne faudra ni table bien servie, ni consommés exquis, ni orges mondés perpétuels, ni les autres délicatesses qu'il faudrait pour une autre femme; et cela ne va pas à si peu de chose, qu'il ne monte bien, tous les ans, à trois mille francs pour le moins. Outre cela, elle n'est curieuse que d'une propreté fort simple, et n'aime point les superbes habits, ni les riches bijoux, ni les meubles somptueux, où donnent ses pareilles avec tant de chaleur; et cet article-là vaut plus de quatre mille livres par an. De plus, elle a une aversion horrible pour le jeu, ce qui n'est pas commun aux femmes d'aujourd'hui; et j'en sais une de nos quartiers qui a perdu, à trente et quarante, vingt mille francs cette année. Mais n'en prenons rien que le quart. Cinq mille francs au jeu par an, et quatre mille francs en habits et bijoux, cela fait neuf mille livres, et mille écus que nous mettons pour la nourriture: ne voilà-t-il pas par année vos douze mille francs bien comptés?

- Harpagon -

Oui; cela n'est pas mal; mais ce compte-là n'est rien de réel.

- Frosine -

Pardonnez-moi. N'est-ce pas quelque chose de réel que de vous apporter en mariage une grande sobriété, l'héritage d'un grand amour de simplicité de parure, et l'acquisition d'un grand fonds de haine pour le jeu?

- Harpagon -

C'est une raillerie que de vouloir me constituer sa dot de toutes les dépenses qu'elle ne fera point. Je n'irai point donner quittance de ce que je ne reçois pas; et il faut bien que je touche quelque chose.

- Frosine -

Mon Dieu! vous toucherez assez; et elles m'ont parlé d'un certain pays où elles ont du bien, dont vous serez le maître.

- Harpagon -

Il faudra voir cela. Mais Frosine, il y a encore une chose qui m'inquiète. La fille est jeune, comme tu vois, et les jeunes gens, d'ordinaire, n'aiment que leurs semblables, ne cherchent que leur compagnie: j'ai peur qu'un homme de mon âge ne soit pas de son goût, et que cela ne vienne à produire chez moi certains petits désordres qui ne m'accommoderaient pas.

- Frosine -

Ah! que vous la connaissez mal! C'est encore une particularité que j'avais à vous dire. Elle a une aversion épouvantable pour tous les jeunes gens, et n'a de l'amour que pour les vieillards.

- Harpagon -

Elle?

- Frosine -

Oui, elle. Je voudrais que vous l'eussiez entendue parler là-dessus. Elle ne peut souffrir du tout la vue d'un jeune homme; mais elle n'est point plus ravie, dit-elle, que lorsqu'elle peut voir un beau vieillard avec une barbe majestueuse. Les plus vieux sont pour elle les plus charmants; et je vous avertis de n'aller pas vous faire plus jeune que vous êtes. Elle veut tout au moins qu'on soit sexagénaire; et il n'y a pas quatre mois encore qu'étant prête d'être mariée, elle rompit tout net le mariage, sur ce que son amant fit voir qu'il n'avait que cinquante-six ans, et qu'il ne prit point de lunettes pour signer le contrat.

- Harpagon -

Sur cela seulement?

- Frosine -

Oui. Elle dit que ce n'est pas contentement pour elle que cinquante-six ans; et surtout elle est pour les nez qui portent des lunettes.

- Harpagon -

Certes, tu me dis là une chose toute nouvelle.

- Frosine -

Cela va plus loin qu'on ne vous peut dire. On lui voit dans sa chambre quelques tableaux et quelques estampes; mais que pensez-vous que ce soit? Des Adonis, des Céphales, des Pâris, et des Apollons? Non: de beaux portraits de Saturne, du roi Priam, du vieux Nestor, et du bon père Anchise, sur les épaules de son fils.

- Harpagon -

Cela est admirable. Voilà ce que je n'aurais jamais pensé, et je suis bien aise d'apprendre qu'elle est de cette humeur. En effet, si j'avais été femme, je n'aurais point aimé les jeunes hommes.

- Frosine -

Je le crois bien. Voilà de belles drogues que des jeunes gens, pour les aimer! Ce sont de beaux morveux, de beaux godelureaux, pour donner envie de leur peau! et je voudrais bien savoir quel ragoût il y a à eux!

- Harpagon -

Pour moi, je n'y en comprends point, et je ne sais pas comment il y a des femmes qui les aiment tant.

- Frosine -

Il faut être folle fieffée. Trouver la jeunesse aimable, est-ce avoir le sens commun? Sont-ce des hommes que de jeunes blondins, et peut-on s'attacher à ces animaux-là?

- Harpagon -

C'est ce que je dis tous les jours: avec leur ton de poule laitée, et leurs trois petits brins de barbe relevés en barbe de chat, leurs perruques d'étoupes, leurs hauts-de-chausses tombants et leurs estomacs débraillés!

- Frosine -

Hé! cela est bien bâti, auprès d'une personne comme vous! Voilà un homme, cela; il y a là de quoi satisfaire à la vue, et c'est ainsi qu'il faut être fait et vêtu pour donner de l'amour.

- Harpagon -

Tu me trouves bien?

- Frosine -

Comment! vous êtes à ravir, et votre figure est à peindre. Tournez-vous un peu, s'il vous plaît. Il ne se peut pas mieux. Que je vous voie marcher. Voilà un corps taillé, libre, et dégagé comme il faut, et qui ne marque aucune incommodité.

- Harpagon -

Je n'en ai pas de grandes, Dieu merci. Il n'y a que ma fluxion qui me prend de temps en temps.

- Frosine -

Cela n'est rien. Votre fluxion ne vous sied point mal, et vous avez grâce à tousser.

- Harpagon -

Dis-moi un peu: Mariane ne m'a-t-elle point encore vu? N'a-t-elle point pris garde à moi en passant?

- Frosine -

Non; mais nous nous sommes fort entretenues de vous. Je lui ai fait un portrait de votre personne, et je n'ai pas manqué de lui vanter votre mérite et l'avantage que ce lui serait d'avoir un mari comme vous.

- Harpagon -

Tu as bien fait, et je t'en remercie.

- Frosine -

J'aurais, monsieur, une petite prière à vous faire. J'ai un procès que je suis sûr le point de perdre, faute d'un peu d'argent; (Harpagon prend un air sérieux.) et vous pourriez facilement me procurer le gain de ce procès si vous aviez quelque bonté pour moi. Vous ne sauriez croire le plaisir qu'elle aura de vous voir. (Harpagon reprend un air gai.) Ah! que vous lui plairez, et que votre fraise à l'antique fera sur son esprit un effet admirable! Mais surtout elle sera charmée de votre haut-de-chausses attaché au pourpoint avec des aiguillettes. C'est pour la rendre folle de vous; et un amant aiguilleté sera pour elle un ragoût merveilleux.

- Harpagon -

Certes, tu me ravis de me dire cela.

- Frosine -

En vérité, Monsieur, ce procès m'est d'une conséquence tout a fait grande. (Harpagon reprend son air sérieux.) Je suis ruinée si je le perds, et quelque petite assistance me rétablirait mes affaires... Je voudrais que vous eussiez vu le ravissement où elle était à m'entendre parler de vous. (Harpagon reprend son air gai.) La joie éclatait dans ses yeux au récit de vos qualités, et je l'ai mise enfin dans une impatience extrême de voir ce mariage entièrement conclu.

- Harpagon -

Tu m'as fait grand plaisir, Frosine; et je t'en ai, je te l'avoue, toutes les obligations du monde.

- Frosine -

Je vous prie, Monsieur, de me donner le petit secours que je vous demande. (Harpagon reprend encore un air sérieux.) Cela me remettra sur pied, et je vous en serai éternellement obligée.

- Harpagon -

Adieu, je vais achever mes dépêches.

- Frosine -

Je vous assure, Monsieur, que vous ne sauriez jamais me soulager dans un plus grand besoin.

- Harpagon -

Je mettrai ordre que mon carrosse soit tout prêt pour vous mener à la foire.

- Frosine -

Je ne vous importunerais pas si je ne m'y voyais forcée par la nécessité.

- Harpagon -

Et j'aurai soin qu'on soupe de bonne heure, pour ne vous point faire malades.

- Frosine -

Ne me refusez pas la grâce dont je vous sollicite. Vous ne sauriez croire, Monsieur, le plaisir que…

- Harpagon -

Je m'en vais. Voilà qu'on m'appelle. Jusqu'à tantôt.

- Frosine -

(seule.) Que la fièvre te serre, chien de vilain, à tous les diables! Le ladre a été ferme à toutes mes attaques; mais il ne me faut pas pourtant quitter la négociation; et j'ai l'autre côté, en tout cas, d'où je suis assurée de tirer bonne récompense.

ACTE TROISIÈME.

SCÈNE PREMIÈRE.

HARPAGON, CLÉANTE, ÉLISE, VALÈRE, DAME CLAUDE, TENANT UN BALAI; MAÎTRE JACQUES, LA MERLUCHE, BRINDAVOINE.

- Harpagon -

Allons, venez çà tous, que je vous distribue mes ordres pour tantôt et règle à chacun son emploi. Approchez, dame Claude; commençons par vous. Bon, vous voilà les armes à la main. Je vous commets au soin de nettoyer partout; et surtout prenez garde de ne point frotter les meubles trop fort, de peur de les user. Outre cela, je vous constitue, pendant le souper, au gouvernement des bouteilles; et, s'il s'en écarte quelqu'une, et qu'il se casse quelque chose, je m'en prendrai à vous et le rabattrai sur vos gages.

- Maître Jacques -

(à part.) Châtiment politique.

- Harpagon -

(à Dame Claude.)Allez.

SCÈNE II.

HARPAGON, CLÉANTE, ÉLISE, VALÈRE, MAÎTRE JACQUES, BRINDAVOINE, LA MERLUCHE.

- Harpagon -

Vous, Brindavoine, et vous, la Merluche, je vous établis dans la charge de rincer les verres et de donner à boire, mais seulement lorsque l'on aura soif, et non pas selon la coutume de certains impertinents de laquais, qui viennent provoquer les gens, et les faire aviser de boire lorsqu'on n'y songe pas. Attendez qu'on vous en demande plus d'une fois, et vous ressouvenez de porter toujours beaucoup d'eau.

- Maître Jacques -

(à part.) Oui. Le vin pur monte à la tête.

- La Merluche -

Quitterons-nous nos souquenilles, monsieur?

- Harpagon -

Oui, quand vous verrez venir les personnes; et gardez bien de gâter vos habits.

- Brindavoine -

Vous savez bien, Monsieur, qu'un des devants de mon pourpoint est couvert d'une grande tache de l'huile de la lampe.

- La Merluche -

Et, moi, Monsieur, que j'ai mon haut-de-chausses tout troué par-derrière, et qu'on me voit, révérence parler...

- Harpagon -

(à la Merluche.) Paix! Rangez cela adroitement du côté de la muraille, et présentez toujours le devant au monde. (A Brindavoine, en lui montrant comment il doit mettre son chapeau au-devant de son pourpoint, pour cacher la tache d'huile.) Et vous, tenez toujours votre chapeau ainsi, lorsque vous servirez.

SCÈNE III.

HARPAGON, CLÉANTE, ÉLISE, VALÈRE, MAÎTRE JACQUES.

- Harpagon -

Pour vous, ma fille, vous aurez l'oeil sur ce que l'on desservira, et prendrez garde qu'il ne s'en fasse aucun dégât: cela sied bien aux filles. Mais cependant préparez-vous à bien recevoir ma maîtresse, qui vous doit venir visiter et vous mener avec elle à la foire. Entendez-vous ce que je vous dis?

- Élise -

Oui, mon père.

- Harpagon -

Oui, nigaude.

SCÈNE IV.

HARPAGON, CLÉANTE, VALÈRE, MAÎTRE JACQUES.

- Harpagon -

Et vous, mon fils le damoiseau, à qui j'ai la bonté de pardonner l'histoire de tantôt, ne vous allez pas aviser non plus de lui faire mauvais visage.

- Cléante -

Moi, mon père? mauvais visage! Et par quelle raison?

- Harpagon -

Mon Dieu, nous savons le train des enfants dont les pères se remarient, et de quel oeil ils ont coutume de regarder ce qu'on appelle belle-mère; mais si vous souhaitez que je perde le souvenir de votre dernière fredaine, je vous recommande surtout de régaler d'un bon visage cette personne-là, et de lui faire enfin tout le meilleur accueil qu'il vous sera possible.

- Cléante -

A vous dire le vrai, mon père, je ne puis pas vous promettre d'être bien aise qu'elle devienne ma belle-mère: je mentirais si je vous le disais; mais pour ce qui est de la bien recevoir et de lui faire bon visage, je vous promets de vous obéir ponctuellement sur ce chapitre.

- Harpagon -

Prenez-y garde au moins.

- Cléante -

Vous verrez que vous n'aurez pas sujet de vous en plaindre.

- Harpagon -

Vous ferez sagement.

SCÈNE V.

HARPAGON, VALÈRE, MAÎTRE JACQUES.

- Harpagon -

Valère, aide-moi à ceci. Oh çà, maître Jacques, approchez-vous; je vous ai gardé pour le dernier.

- Maître Jacques -

Est-ce à votre cocher, Monsieur, ou bien à votre cuisinier, que vous voulez parler? car je suis l'un et l'autre.

- Harpagon -

C'est à tous les deux.

- Maître Jacques -

Mais à qui des deux le premier?

- Harpagon -

Au cuisinier.

- Maître Jacques -

Attendez donc, s'il vous plaît. (Maître Jacques ôte sa casaque de cocher, et paraît vêtu en cuisinier.)

- Harpagon -

Quelle diantre de cérémonie est-ce là?

- Maître Jacques -

Vous n'avez qu'à parler.

- Harpagon -

Je me suis engagé, maître Jacques, à donner ce soir à souper.

- Maître Jacques -

(à part.) Grande merveille!

- Harpagon -

Dis-moi un peu: nous feras-tu bonne chère?

- Maître Jacques -

Oui, Si vous me donnez bien de l'argent.

- Harpagon -

Que diable, toujours de l'argent! Il semble qu'ils n'aient autre chose à dire: De l'argent, de l'argent, de l'argent! Ah! ils n'ont que ce mot à la bouche, de l'argent! toujours parler d'argent! Voilà leur épée de chevet (12), de l'argent!

- Valère -

Je n'ai jamais vu de réponse plus impertinente que celle-là. Voilà une belle merveille que de faire bonne chère avec bien de l'argent! C'est une chose la plus aisée du monde, et il n'y a si pauvre esprit qui n'en fît bien autant; mais, pour agir en habile homme, il faut parler de faire bonne chère avec peu d'argent.

- Maître Jacques -

Bonne chère avec peu d'argent!

- Valère -

Oui.

- Maître Jacques -

(à Valère.) Par ma foi, Monsieur l'intendant, vous nous obligerez de nous faire voir ce secret, et de prendre mon office de cuisinier; aussi bien vous mêlez-vous céans d'être le factotum.

- Harpagon -

Taisez-vous. Qu'est-ce qu'il nous faudra?

- Maître Jacques -

Voilà monsieur votre intendant qui vous fera bonne chère pour peu d'argent.

- Harpagon -

Haye! Je veux que tu me répondes.

- Maître Jacques -

Combien serez-vous de gens à table?

- Harpagon -

Nous serons huit ou dix; mais il ne faut prendre que huit: quand il y a à manger pour huit, il y en a bien pour dix.

- Valère -

Cela s'entend.

- Maître Jacques -

Eh bien! il faudra quatre grands potages et cinq assiettes… Potages… Entrées.

- Harpagon -

Que diable! voilà pour traiter toute une ville entière.

- Maître Jacques -

Rôt…

- Harpagon -

(mettant la main sur la bouche de maître Jacques.) Ah! traître, tu manges tout mon bien.

- Maître Jacques -

Entremets…

- Harpagon -

(mettant encore la main sur la bouche de maître Jacques.) Encore?

- Valère -

(à maître Jacques.) Est-ce que vous avez envie de faire crever tout le monde? et Monsieur a-t-il invité des gens pour les assassiner à force de mangeaille? Allez-vous-en lire un peu les préceptes de la santé, et demander aux médecins s'il y a rien de plus préjudiciable à l'homme que de manger avec excès.

- Harpagon -

Il a raison.

- Valère -

Apprenez, maître Jacques, vous et vos pareils, que c'est un coupe-gorge qu'une table remplie de trop de viandes; que pour se bien montrer ami de ceux que l'on invite, il faut que la frugalité règne dans les repas qu'on donne; et que, suivant le dire d'un ancien, "il faut manger pour vivre, et non pas vivre pour manger" (13).

- Harpagon -

Ah! que cela est bien dit! Approche, que je t'embrasse pour ce mot. Voilà la plus belle sentence que j'aie entendue de ma vie: "Il faut vivre pour manger, et non pas manger pour vi..." Non, ce n'est pas cela. Comment est-ce que tu dis?

- Valère -

Qu'"il faut manger pour vivre, et non pas vivre pour manger."

- Harpagon -

(à maître Jacques.) Oui. Entends-tu? (À Valère.) Qui est le grand homme qui a dit cela?

- Valère -

Je ne me souviens pas maintenant de son nom.

- Harpagon -

Souviens-toi de m'écrire ces mots: je les veux faire graver en lettres d'or sur la cheminée de ma salle.

- Valère -

Je n'y manquerai pas. Et, pour votre souper, vous n'avez qu'à me laisser faire: je réglerai tout cela comme il faut.

Molière

- Harpagon -

Fais donc.

- Maître Jacques -

Tant mieux! j'en aurai moins de peine.

- Harpagon -

(à Valère.) Il faudra de ces choses dont on ne mange guère, et qui rassasient d'abord: quelque bon haricot bien gras, avec quelque pâté en pot bien garni de marrons.

- Valère -

Reposez-vous sur moi.

- Harpagon -

Maintenant, maître Jacques, il faut nettoyer mon carrosse.

- Maître Jacques -

Attendez. Ceci s'adresse au cocher. (Il remet sa casaque.) Vous dites…

- Harpagon -

Qu'il faut nettoyer mon carrosse, et tenir mes chevaux tout prêts pour conduire à la foire…

- Maître Jacques -

Vos chevaux, Monsieur? Ma foi! ils ne sont point du tout en état de marcher. Je ne vous dirai point qu'ils sont sur la litière: les pauvres bêtes n'en ont point, et ce serait fort mal parler; mais vous leur faites observer des jeûnes si austères, que ce ne sont plus rien que des idées ou des fantômes, des façons de chevaux.

- Harpagon -

Les voilà bien malades! ils ne font rien.

- Maître Jacques -

Et, pour ne faire rien, Monsieur, est-ce qu'il ne faut rien manger? Il leur vaudrait bien mieux, les pauvres animaux, de travailler beaucoup, de manger de même. Cela me fend le coeur de les voir ainsi exténués; car, enfin, j'ai une tendresse pour mes chevaux, qu'il me semble que

139

c'est moi-même, quand je les vois pâtir. Je m'ôte tous les jours pour eux les choses de la bouche, et c'est être, Monsieur, d'un naturel trop dur, que de n'avoir nulle pitié de son prochain.

- Harpagon -

Le travail ne sera pas grand d'aller jusqu'à la foire.

- Maître Jacques -

Non, je n'ai pas le courage de les mener; et je ferais conscience de leur donner des coups de fouet, en l'état où ils sont. Comment voudriez-vous qu'ils traînassent un carrosse, qu'ils ne peuvent pas se traîner eux-mêmes.

- Valère -

Monsieur, j'obligerai le voisin le Picard à se charger de les conduire: aussi bien nous fera-t-il ici besoin pour apprêter le souper.

- Maître Jacques -

Soit. J'aime mieux encore qu'ils meurent sous la main d'un autre que sous la mienne.

- Valère -

Maître Jacques fait bien le raisonnable!

- Maître Jacques -

Monsieur l'intendant fait bien le nécessaire!

- Harpagon -

Paix!

- Maître Jacques -

Monsieur, je ne saurais souffrir les flatteurs; et je vois que ce qu'il en fait, que ses contrôles perpétuels sur le pain et le vin, le bois, le sel et la chandelle, ne sont rien que pour vous gratter et vous faire sa cour. J'enrage de cela, et je suis fâché tous les jours d'entendre ce qu'on dit de vous: car, enfin, je me sens pour vous de la tendresse, en dépit que j'en aie; et, après mes chevaux, vous êtes la personne que j'aime le plus.

- Harpagon -

Pourrais-je savoir de vous, maître Jacques, ce que l'on dit de moi?

- Maître Jacques -

Oui, monsieur, si j'étais assuré que cela ne vous fâchât point.

- Harpagon -

Non, en aucune façon.

- Maître Jacques -

Pardonnez-moi; je sais fort bien que je vous mettrais en colère.

- Harpagon -

Point du tout; au contraire, c'est me faire plaisir, et je suis bien aise d'apprendre comme on parle de moi.

- Maître Jacques -

Monsieur, puisque vous le voulez, je vous dirai franchement qu'on se moque partout de vous, qu'on nous jette de tous côtés cent brocards à votre sujet, et que l'on n'est point plus ravi que de vous tenir au cul et aux chausses, et de faire sans cesse des contes de votre lésine. L'un dit que vous faites imprimer des almanachs particuliers, où vous faites doubler les quatre-temps et les vigiles, afin de profiter des jeûnes où vous obligez votre monde; l'autre, que vous avez toujours une querelle toute prête à faire à vos valets dans le temps des étrennes ou de leur sortie d'avec vous, pour vous trouver une raison de ne leur donner rien. Celui-là conte qu'une fois vous fîtes assigner le chat d'un de vos voisins, pour vous avoir mangé un reste d'un gigot de mouton; celui-ci, que l'on vous surprit, une nuit, en venant dérober vous-même l'avoine de vos chevaux; et que votre cocher, qui était celui d'avant moi, vous donna, dans l'obscurité, je ne sais combien de coups de bâton, dont vous ne voulûtes rien dire. Enfin, voulez-vous que je vous dise? On ne saurait aller nulle part où l'on ne vous entende accommoder de toutes pièces. Vous êtes la fable et la risée de tout le monde; et jamais on ne parle de vous que sous les noms d'avare, de ladre, de vilain et de fesse-mathieu.

- Harpagon -

(en battant maître Jacques.) Vous êtes un sot, un maraud, un coquin, et un impudent.

- Maître Jacques -

Eh bien, ne l'avais-je pas deviné? Vous ne m'avez pas voulu croire. Je vous l'avais bien dit que je vous fâcherais de vous dire la vérité.

- Harpagon -

Apprenez à parler.

SCÈNE VI.

VALÈRE, MAÎTRE JACQUES.

- Valère -

(riant.) À ce que je puis voir, maître Jacques, on paie mal votre franchise.

- Maître Jacques -

Morbleu! Monsieur le nouveau venu, qui faites l'homme d'importance, ce n'est pas votre affaire. Riez de vos coups de bâton quand on vous on donnera, et ne venez point rire des miens.

- Valère -

Ah! Monsieur maître Jacques, ne vous fâchez pas, je vous prie.

- Maître Jacques -

(à part.) Il file doux. Je veux faire le brave, et, s'il est assez sot pour me craindre, le frotter quelque peu. (Haut.) Savez-vous bien, Monsieur le rieur, que je ne ris pas, moi, et que si vous m'échauffez la tête, je vous ferai rire d'une autre sorte? (Maître Jacques pousse Valère jusqu'au bout du theater en le menaçant.)

- Valère -

Hé! doucement.

- Maître Jacques -

Comment, doucement? Il ne me plaît pas, moi.

- Valère -

De grâce!

- Maître Jacques -

Vous êtes un impertinent.

- Valère -

Monsieur maître Jacques!

- Maître Jacques -

Il n'y a point de monsieur maître Jacques pour un double (14). Si je prends un bâton, je vous rosserai d'importance.

- Valère -

Comment! un bâton? (Valère le fait reculer autant qu'il l'a fait.)

- Maître Jacques -

Hé! je ne parle pas de cela.

- Valère -

Savez-vous bien, Monsieur le fat, que je suis homme à vous rosser vous-même?

- Maître Jacques -

Je n'en doute pas.

- Valère -

Que vous n'êtes, pour tout potage, qu'un faquin de cuisinier?

- Maître Jacques -

Je le sais bien.

- Valère -

Et que vous ne me connaissez pas encore?

- Maître Jacques -

Pardonnez-moi.

- Valère -

Vous me rosserez, dites-vous?

- Maître Jacques -

Je le disais en raillant.

- Valère -

Et moi, je ne prends point de goût à votre raillerie. (Donnant des coups de bâton à maître Jacques.) Apprenez que vous êtes un mauvais railleur.

- Maître Jacques -

(seul.) Peste soit la sincérité! c'est un mauvais métier: désormais j'y renonce, et je ne veux plus dire vrai. Passe encore pour mon maître, il a quelque droit de me battre; mais, pour ce monsieur l'intendant, je m'en vengerai si je le puis.

SCÈNE VII.

MARIANE, FROSINE, MAÎTRE JACQUES.

- Frosine -

Savez-vous, maître Jacques, si votre maître est au logis?

- Maître Jacques -

Oui, vraiment il y est: je ne le sais que trop.

- Frosine -

Dites-lui, je vous prie, que nous sommes ici.

- Maître Jacques -

Ah! nous voilà pas mal!

SCÈNE VIII.

MARIANE, FROSINE.

- Mariane -

Ah! que je suis, Frosine, dans un étrange état! et, s'il faut dire ce que je sens, que j'appréhende cette vue!

- Frosine -

Mais pourquoi, et quelle est votre inquiétude?

- Mariane -

Hélas! me le demandez-vous? et ne vous figurez-vous point les alarmes d'une personne toute prête à voir le supplice où l'on veut l'attacher?

- Frosine -

Je vois bien que, pour mourir agréablement, Harpagon n'est pas le supplice que vous voudriez embrasser; et je connais, à votre mine, que le jeune blondin dont vous m'avez parlé vous revient un peu dans l'esprit.

- Mariane -

Oui. C'est une chose, Frosine, dont je ne veux pas me défendre; et les visites respectueuses qu'il a rendues chez nous ont fait, je vous l'avoue, quelque effet dans mon âme.

- Frosine -

Mais avez-vous su quel il est?

- Mariane -

Non, je ne sais point quel il est. Mais je sais qu'il est fait d'un air à se faire aimer; que, si l'on pouvait mettre les choses à mon choix, je le prendrais plutôt qu'un autre, et qu'il ne contribue pas peu à me faire trouver un tourment effroyable dans l'époux qu'on veut me donner.

- Frosine -

Mon Dieu, tous ces blondins sont agréables, et débitent fort bien leur fait; mais la plupart sont gueux comme des rats: il vaut mieux, pour vous, de prendre un vieux mari qui vous donne beaucoup de bien. Je vous avoue que les sens ne trouvent pas si bien leur compte du côté que je dis, et qu'il y a quelques petits dégoûts à essuyer avec un tel époux; mais cela n'est pas pour durer; et sa mort, croyez-moi, vous mettra bientôt en état d'en prendre un plus aimable, qui réparera toutes choses.

- Mariane -

Mon Dieu! Frosine, c'est une étrange affaire, lorsque pour être heureuse, il faut souhaiter ou attendre le trépas de quelqu'un; et la mort ne suit pas tous les projets que nous faisons.

- Frosine -

Vous moquez-vous? Vous ne l'épousez qu'aux conditions de vous laisser veuve bientôt; et ce doit être là un des articles du contrat. Il serait bien impertinent de ne pas mourir dans trois mois! Le voici en propre personne.

- Mariane -

Ah! Frosine, quelle figure!

SCÈNE IX.

HARPAGON, MARIANE, FROSINE.

- Harpagon -

(à Mariane.) Ne vous offensez pas, ma belle, si je viens à vous avec des lunettes. Je sais que vos appas frappent assez les yeux, sont assez visibles d'eux-mêmes, et qu'il n'est pas besoin de lunettes pour les apercevoir; mais enfin, c'est avec des lunettes qu'on observe les astres, et je maintiens et garantis que vous êtes un astre, mais un astre, le plus bel astre qui soit dans le pays des astres. Frosine, elle ne répond mot et ne témoigne, ce me semble, aucune joie de me voir.

- Frosine -

C'est qu'elle est encore toute surprise; et, puis les filles ont toujours honte à témoigner d'abord ce qu'elles ont dans l'âme.

- Harpagon -

(à Frosine.) Tu as raison. (A Mariane.) Voilà, belle mignonne, ma fille qui vient vous saluer.

SCÈNE X.

HARPAGON, ÉLISE, MARIANE, FROSINE.

- Mariane -

Je m'acquitte bien tard, Madame, d'une telle visite.

- Élise -

Vous avez fait, Madame, ce que je devais faire, et c'était à moi de vous prévenir.

- Harpagon -

Vous voyez qu'elle est grande; mais mauvaise herbe croît toujours.

- Mariane -

(bas, à Frosine.) Oh! l'homme déplaisant!

- Harpagon -

(bas, à Frosine.) Que dit la belle?

- Frosine -

Qu'elle vous trouve admirable.

- Harpagon -

C'est trop d'honneur que vous me faites, adorable mignonne.

- Mariane -

(à part.) Quel animal!

- Harpagon -

Je vous suis trop obligé de ces sentiments.

- Mariane -

(à part.) Je n'y puis plus tenir.

SCÈNE XI.

HARPAGON, MARIANE, ÉLISE, CLÉANTE, VALÈRE, FROSINE, BRINDAVOINE.

- Harpagon -

Voici mon fils aussi qui vous vient faire la révérence.

- Mariane -

(bas, à Frosine.) Ah! Frosine, quelle rencontre! C'est justement celui dont je t'ai parlé.

- Frosine -

(à Mariane.) L'aventure est merveilleuse.

- Harpagon -

Je vois que vous vous étonnez de me voir de si grands enfants; mais je serai bientôt défait et de l'un et de l'autre.

- Cléante -

(à Mariane.) Madame, à vous dire le vrai, c'est ici une aventure où, sans doute, je ne m'attendais pas; et mon père ne m'a pas peu surpris lorsqu'il m'a dit tantôt le dessein qu'il avait formé.

- Mariane -

Je puis dire la même chose. C'est une rencontre imprévue, qui m'a surprise autant que vous; et je n'étais point préparée à une pareille aventure.

- Cléante -

Il est vrai que mon père, Madame, ne peut pas faire un plus beau choix, et que ce m'est une sensible joie que l'honneur de vous voir; mais, avec tout cela, je ne vous assurerai point que je me réjouis du dessein où vous pourriez être de devenir ma belle-mère. Le compliment, je vous l'avoue, est trop difficile pour moi, et c'est un titre, s'il vous plaît, que je ne vous souhaite point. Ce discours paraîtra brutal aux yeux de quelques-uns; mais je suis assuré que vous serez personne à le prendre comme il faudra; que c'est un mariage, Madame, où vous vous imaginez bien que je dois avoir de la répugnance; que vous n'ignorez pas, sachant ce que je suis, comme il choque mes intérêts, et que vous voulez bien enfin que je vous dise, avec la permission de mon père, que, si les choses dépendaient de moi, cet hymen ne se ferait point.

- Harpagon -

Voilà un compliment bien impertinent! Quelle belle confession à lui faire!

- Mariane -

Et moi, pour vous répondre, j'ai à vous dire que les choses sont fort égales; et que si vous auriez de la répugnance à me voir votre belle-mère, je n'en aurais pas moins, sans doute, à vous voir mon beau-fils. Ne croyez pas, je vous prie, que ce soit moi qui cherche à vous donner cette inquiétude. Je serais fort fâchée de vous causer du déplaisir; et si je ne m'y vois forcée par une puissance absolue, je vous donne ma parole que je ne consentirai point au mariage qui vous chagrine.

- Harpagon -

Elle a raison. A sot compliment, il faut une réponse de même. Je vous demande pardon, ma belle, de l'impertinence de mon fils: c'est un jeune sot qui ne sait pas encore la conséquence des paroles qu'il dit.

- Mariane -

Je vous promets que ce qu'il m'a dit ne m'a point du tout offensée; au contraire, il m'a fait plaisir de m'expliquer ainsi ses véritables sentiments. J'aime de lui un aveu de la sorte; et s'il avait parlé d'autre façon, je l'en estimerais bien moins.

- Harpagon -

C'est beaucoup de bonté à vous de vouloir ainsi excuser ses fautes. Le temps le rendra plus sage, et vous verrez qu'il changera de sentiments.

- Cléante -

Non, mon père, je ne suis pas capable d'en changer, et je prie instamment Madame de le croire.

- Harpagon -

Mais voyez quelle extravagance! il continue encore plus fort.

- Cléante -

Voulez-vous que je trahisse mon coeur?

- Harpagon -

Encore! Avez-vous envie de changer de discours?

- Cléante -

Eh bien, puisque vous voulez que je parle d'autre façon, souff-rez, Madame, que je me mette ici à la place de mon père, et que je vous avoue que je n'ai rien vu dans le monde de si charmant que vous; que je ne conçois rien d'égal au bonheur de vous plaire, et que le titre de votre époux est une gloire, une félicité que je préférerais aux destinées des plus grands princes de la terre. Oui, Madame, le bonheur de vous posséder est, à mes regards, la plus belle de toutes les fortunes; c'est où j'attache toute mon ambition. Il n'y a rien que je ne sois capable de faire pour une conquête si précieuse; et les obstacles les plus puissants...

- Harpagon -

Doucement, mon fils, s'il vous plaît.

- Cléante -

C'est un compliment que je fais pour vous à Madame.

- Harpagon -

Mon Dieu, j'ai une langue pour m'expliquer moi-même, et je n'ai pas besoin d'un interprète comme vous. Allons, donnez des sièges.

- Frosine -

Non; il vaut mieux que de ce pas nous allions à la foire, afin d'en revenir plus tôt et d'avoir tout le temps ensuite de nous entretenir.

- Harpagon -

(à Brindavoine.) Qu'on mette donc les chevaux au carrosse.

SCÈNE XII.

HARPAGON, MARIANE, ÉLISE, CLÉANTE, VALÈRE, FROSINE.

- Harpagon -

(à Mariane.) Je vous prie de m'excuser, ma belle, si je n'ai pas songé a vous donner un peu de collation avant que de partir.

- Cléante -

J'y ai pourvu, mon père, et j'ai fait apporter ici quelques bassins d'oranges de la Chine, de citrons doux, et de confitures, que j'ai envoyé quérir de votre part.

- Harpagon -

(bas, à Valère.) Valère!

- Valère -

(à Harpagon.) Il a perdu le sens.

- Cléante -

Est-ce que vous trouvez, mon père, que ce ne soit pas assez? Madame aura la bonté d'excuser cela, s'il vous plaît.

- Mariane -

C'est une chose qui n'était pas nécessaire.

- Cléante -

Avez-vous jamais vu, madame, un diamant plus vif que celui que vous voyez que mon père a au doigt?

- Mariane -

Il est vrai qu'il brille beaucoup.

- Cléante -

(ôtant du doigt de son père le diamant, et le donnant à Mariane) Il faut que vous le voyiez de près.

- Mariane -

Il est fort beau, sans doute, et jette quantité de feux.

- Cléante -

(se mettant au-devant de Mariane, qui veut rendre le diamant.) Nenni. Madame, il est en de trop belles mains. C'est un présent que mon père vous fait.

- Harpagon -

Moi!

- Cléante -

N'est-il pas vrai, mon père, que vous voulez que Madame le garde pour l'amour de vous?

- Harpagon -

(bas, à son fils.) Comment?

- Cléante -

(à Mariane.) Belle demande! Il me fait signe de vous le faire accepter.

- Mariane -

Je ne veux point…

- Cléante -

(à Mariane.) Vous moquez-vous? Il n'a garde de le reprendre.

- Harpagon -

(à part.) J'enrage!

- Mariane -

Ce serait…

- Cléante -

(empêchant toujours Mariane de rendre la bague.) Non, vous dis-je, c'est l'offenser.

- Mariane -

De grâce…

- Cléante -

Point du tout.

- Harpagon -

(à part.) Peste soit…

- Cléante -

Le voilà qui se scandalise de votre refus.

- Harpagon -

(bas, à son fils.) Ah! traître!

- Cléante -

(à Mariane.) Vous voyez qu'il se désespère.

- Harpagon -

(bas, à son fils, en le menaçant.) Bourreau que tu es!

- Cléante -

Mon père, ce n'est pas ma faute. Je fais ce que je puis pour l'obliger à la garder; mais elle est obstinée.

- Harpagon -

(bas, à son fils en le menaçant.) Pendard!

- Cléante -

Vous êtes cause, Madame, que mon père me querelle.

- Harpagon -

(bas, à son fils, avec les mêmes gestes.) Le coquin!

- Cléante -

Vous le ferez tomber malade. De grâce, Madame, ne résistez point davantage.

- Frosine -

(à Mariane.) Mon Dieu! que de façons! Gardez la bague, puisque monsieur le veut.

- Mariane -

(à Harpagon.) Pour ne vous point mettre en colère, je la garde maintenant, et je prendrai un autre temps pour vous la rendre.

SCÈNE XIII.

HARPAGON, MARIANE, ÉLISE, CLÉANTE, VALÈRE, FROSINE, BRINDAVOINE.

- Brindavoine -

Monsieur, il y a là un homme qui veut vous parler.

- Harpagon -

Dis-lui que je suis empêché, et qu'il revienne une autre fois.

- Brindavoine -

Il dit qu'il vous apporte de l'argent.

- Harpagon -

Je vous demande pardon. Je reviens tout à l'heure.

SCÈNE XIV.

HARPAGON, MARIANE, ÉLISE, CLÉANTE, VALÈRE, FROSINE, LA MERLUCHE.

- La Merluche -

(courant et faisant tomber Harpagon.) Monsieur…

- Harpagon -

Ah! je suis mort.

- Cléante -

Qu'est-ce, mon père? Vous êtes-vous fait mal?

- Harpagon -

Le traître assurément a reçu de l'argent de mes débiteurs pour me faire rompre le cou.

- Valère -

(à Harpagon.) Cela ne sera rien.

- La Merluche -

(à Harpagon.) Monsieur, je vous demande pardon; je croyais bien faire d'accourir vite.

- Harpagon -

Que viens-tu faire ici, bourreau?

- La Merluche -

Vous dire que vos deux chevaux sont déferrés.

- Harpagon -

Qu'on les mène promptement chez le maréchal.

- Cléante -

En attendant qu'ils soient ferrés, je vais faire pour vous, mon père, les honneurs de votre logis, et conduire madame dans le jardin où je ferai porter la collation.

SCÈNE XV.

HARPAGON, VALÈRE.

- Harpagon -

Valère, aie un peu l'oeil à tout cela, et prends soin, je te prie, de m'en sauver le plus que tu pourras, pour le renvoyer au marchand.

- Valère -

C'est assez.

- Harpagon -

(seul.) Ô fils impertinent! as-tu envie de me ruiner?

ACTE QUATRIÈME.

SCÈNE PREMIÈRE.

CLÉANTE, MARIANE, ÉLISE, FROSINE.

- Cléante -

Rentrons ici; nous serons beaucoup mieux. Il n'y a plus autour de nous personne de suspect, et nous pouvons parler librement.

- Élise -

Oui, Madame, mon frère m'a fait confidence de la passion qu'il a pour vous. Je sais les chagrins et les déplaisirs que sont capables de causer de pareilles traverses; et c'est, je vous assure, avec une tendresse extrême, que je m'intéresse à votre aventure.

- Mariane -

C'est une douce consolation que de voir dans ses intérêts une personne comme vous; et je vous conjure, Madame, de me garder toujours cette généreuse amitié, si capable de m'adoucir les cruautés de la fortune.

- Frosine -

Vous êtes, par ma foi, de malheureuses gens l'un et l'autre, de ne m'avoir point, avant tout ceci, avertie de votre affaire. Je vous aurais, sans doute, détourné cette inquiétude, et n'aurais point amené les choses où l'on voit qu'elles sont.

- Cléante -

Que veux-tu? c'est ma mauvaise destinée qui l'a voulu ainsi. Mais, belle Mariane, quelles résolutions sont les vôtres?

- Mariane -

Hélas! suis-je en pouvoir de faire des résolutions? et, dans la dépendance où je me vois, puis-je former que des souhaits?

- Cléante -

Point d'autre appui pour moi dans votre coeur que de simples souhaits? Point de pitié officieuse? Point de secourable bonté? Point d'affection agissante?

- Mariane -

Que saurais-je vous dire? Mettez-vous en ma place, et voyez ce que je puis faire. Avisez, ordonnez vous-même: je m'en remets à vous, et je vous crois trop raisonnable pour vouloir exiger de moi que ce qui peut m'être permis par l'honneur et la bienséance.

- Cléante -

Hélas! où me réduisez-vous que de me renvoyer à ce que voudront me permettre les fâcheux sentiments d'un rigoureux honneur et d'une scrupuleuse bienséance?

- Mariane -

Mais que voulez-vous que je fasse? Quand je pourrais passer sur quantité d'égards où notre sexe est obligé, j'ai de la considération pour ma mère. Elle m'a toujours élevée avec une tendresse extrême, et je ne saurais me résoudre à lui donner du déplaisir. Faites, agissez auprès d'elle; employez tous vos soins à gagner son esprit. Vous pouvez faire et dire tout ce que vous voudrez; je vous en donne la licence; et, s'il ne tient qu'à me déclarer en votre faveur, je veux bien consentir à lui faire un aveu, moi-même, de tout ce que je sens pour vous.

- Cléante -

Frosine, ma pauvre Frosine, voudrais-tu nous servir?

- Frosine -

Par ma foi, faut-il le demander? Je le voudrais de tout mon coeur. Vous savez que, de mon naturel, je suis assez humaine. Le ciel ne m'a point fait l'âme de bronze, et je n'ai que trop de tendresse à rendre de petits services, quand je vois des gens qui s'entr'aiment en tout bien et en tout honneur. Que pourrions-nous faire à ceci?

- Cléante -

Songe un peu, je te prie.

- Mariane -

Ouvre-nous des lumières.

- Élise -

Trouve quelque invention pour rompre ce que tu as fait.

- Frosine -

Ceci est assez difficile. (À Mariane.) Pour votre mère, elle n'est pas tout à fait déraisonnable, et peut-être pourrait-on la gagner et la résoudre à transporter au fils le don qu'elle veut faire au père. (À Cléante.) Mais le mal que j'y trouve, c'est que votre père est votre père.

- Cléante -

Cela s'entend.

- Frosine -

Je veux dire qu'il conservera du dépit si l'on montre qu'on le refuse, et qu'il ne sera point d'humeur ensuite à donner son consentement à votre mariage. Il faudrait, pour bien faire, que le refus vînt de lui-même, et tâcher, par quelque moyen, de le dégoûter de votre personne.

- Cléante -

Tu as raison.

- Frosine -

Oui, j'ai raison, je le sais bien. C'est là ce qu'il faudrait; mais le diantre (15) est d'en pouvoir trouver les moyens. Attendez: si nous avions quelque femme un peu sur l'âge qui fût de mon talent, et jouât assez bien pour contrefaire une dame de qualité, par le moyen d'un train fait à la hâte, et d'un bizarre nom de marquise ou de vicomtesse que nous supposerions de la Basse-Bretagne, j'aurais assez d'adresse pour faire accroire à votre père que ce serait une personne riche, outre ses maisons, de cent mille écus en argent comptant; qu'elle serait éperdument amoureuse de lui et souhaiterait de se voir sa femme, jusqu'à lui donner tout son bien par contrat de mariage; et je ne doute point qu'il ne prêtât l'oreille à la proposition. Car enfin il vous aime fort, je le sais, mais il aime un peu plus l'argent; et quand, ébloui de ce leurre, il aurait une fois consenti à ce qui vous touche, il importerait peu ensuite qu'il se désabusât, en venant à vouloir voir clair aux effets de notre marquise.

- Cléante -

Tout cela est fort bien pensé.

- Frosine -

Laissez-moi faire. Je viens de me ressouvenir d'une de mes amies qui sera notre fait.

- Cléante -

Sois assurée, Frosine, de ma reconnaissance, si tu viens à bout de la chose. Mais, charmante Mariane, commençons, je vous prie, par gagner votre mère; c'est toujours beaucoup faire que de rompre ce mariage. Faites-y de votre part, je vous en conjure, tous les efforts qu'il vous sera possible. Servez-vous de tout le pouvoir que vous donne sur elle cette amitié qu'elle a pour vous. Déployez sans réserve les grâces éloquentes, les charmes tout-puissants que le ciel a placés dans vos yeux et dans votre bouche; et n'oubliez rien, s'il vous plaît, de ces tendres paroles, de ces douces prières et de ces caresses touchantes à qui je suis persuadé qu'on ne saurait rien refuser.

- Mariane -

J'y ferai tout ce que je puis, et n'oublierai aucune chose.

SCÈNE II.

HARPAGON, CLÉANTE, MARIANE, ÉLISE, FROSINE.

- Harpagon -

(à part, sans être aperçu.) Ouais! mon fils baise la main de sa prétendue belle-mère; et sa prétendue belle-mère ne s'en défend pas fort! Y aurait-il quelque mystère là-dessous?

- Élise -

Voilà mon père.

- Harpagon -

Le carrosse est tout prêt; vous pouvez partir quand il vous plaira.

- Cléante -

Puisque vous n'y allez pas, mon père, je m'en vais les conduire.

- Harpagon -

Non: demeurez. Elles iront bien toutes seules, et j'ai besoin de vous.

SCÈNE III.

HARPAGON, CLÉANTE.

- Harpagon -

Oh çà, intérêt de belle-mère à part, que te semble, à toi, de cette personne?

- Cléante -

Ce qui m'en semble?

- Harpagon -

Oui de son air, de sa taille, de sa beauté, de son esprit.

- Cléante -

Là, là!

- Harpagon -

Mais encore?

- Cléante -

A vous en parler franchement, je ne l'ai pas trouvée ici ce que je l'avais crue. Son air est de franche coquette, sa taille est assez

- Molière -

Molière

gauche, sa beauté très médiocre, et son esprit des plus communs. Ne croyez pas que ce soit, mon père, pour vous en dégoûter; car, belle-mère pour belle-mère, j'aime autant celle-là qu'une autre.

- Harpagon -

Tu lui disais tantôt pourtant…

- Cléante -

Je lui ai dit quelques douceurs en votre nom, mais c'était pour vous plaire.

- Harpagon -

Si bien donc que tu n'aurais pas d'inclination pour elle?

- Cléante -

Moi? point du tout.

- Harpagon -

J'en suis fâché, car cela rompt une pensée qui m'était venue dans l'esprit. J'ai fait, en la voyant ici, réflexion sur mon âge; et j'ai songé qu'on pourra trouver à redire de me voir marier à une si jeune personne. Cette considération m'en faisait quitter le dessein; et comme je l'ai fait demander, et que je suis pour elle engagé de parole, je te l'aurais donnée, sans l'aversion que tu témoignes.

- Cléante -

A moi?

- Harpagon -

A toi.

- Cléante -

En mariage?

- Harpagon -

En mariage.

- Cléante -

Ecoutez. Il est vrai qu'elle n'est pas fort à mon goût; mais, pour vous faire plaisir, mon père, je me résoudrai à l'épouser, si vous voulez.

- Harpagon -

Moi, je suis plus raisonnable que tu ne penses. Je ne veux point forcer ton inclination.

- Cléante -

Pardonnez-moi; je me ferai cet effort pour l'amour de vous.

- Harpagon -

Non, non. Un mariage ne saurait être heureux où l'inclination n'est pas.

- Cléante -

C'est une chose, mon père, qui peut-être viendra ensuite; et l'on dit que l'amour est souvent un fruit du mariage.

- Harpagon -

Non. Du côté de l'homme, on ne doit point risquer l'affaire; et ce sont des suites fâcheuses, où je n'ai garde de me commettre. Si tu avais senti quelque inclination pour elle, à la bonne heure; je te l'aurais fait épouser au lieu de moi; mais, cela n'étant pas, je suivrai mon premier dessein, et je l'épouserai moi-même.

- Cléante -

Eh bien! mon père, puisque les choses sont ainsi, il faut vous découvrir mon coeur; il faut vous révéler notre secret. La vérité est que je l'aime depuis un jour que je la vis dans une promenade; que mon dessein était tantôt de vous la demander pour femme; et que rien ne m'a retenu que la déclaration de vos sentiments, et la crainte de vous déplaire.

- Harpagon -

Lui avez-vous rendu visite?

- Cléante -

Oui, mon père.

- Harpagon -

Beaucoup de fois?

- Cléante -

Assez pour le temps qu'il y a.

- Harpagon -

Vous a-t-on bien reçu?

- Cléante -

Fort bien, mais sans savoir qui j'étais; et c'est ce qui a fait tantôt la surprise de Mariane.

- Harpagon -

Lui avez-vous déclaré votre passion et le dessein où vous étiez de l'épouser?

- Cléante -

Sans doute, et même j'en avais fait à sa mère quelque peu d'ouverture.

- Harpagon -

A-t-elle écouté, pour sa fille, votre proposition?

- Cléante -

Oui, fort civilement.

- Harpagon -

Et la fille correspond-elle fort à votre amour?

- Cléante -

Si j'en dois croire les apparences, je me persuade, mon père, qu'elle a quelque bonté pour moi.

- Harpagon -

(bas, à part.) Je suis bien aise d'avoir appris un tel secret; et voilà justement ce que je demandais. (Haut.) Or sus, mon fils, savez-vous ce qu'il y a? C'est qu'il faut songer, s'il vous plaît, à vous défaire de votre amour, à cesser toutes vos poursuites auprès d'une personne que je prétends pour moi, et à vous marier dans peu avec celle qu'on vous destine.

- Cléante -

Oui, mon père; c'est ainsi que vous me jouez! Eh bien! puisque les choses en sont venues là, je vous déclare, moi, que je ne quitterai point la passion que j'ai pour Mariane; qu'il n'y a point d'extrémité où je ne m'abandonne pour vous disputer sa conquête, et que si vous avez pour vous le consentement d'une mère, j'aurai d'autres secours, peut-être, qui combattront pour moi.

- Harpagon -

Comment, pendard! tu as l'audace d'aller sur mes brisées!

- Cléante -

C'est vous qui allez sur les miennes, et je suis le premier en date.

- Harpagon -

Ne suis-je pas ton père? et ne me dois-tu pas respect?

- Cléante -

Ce ne sont point ici des choses où les enfants soient obligés de déférer aux pères, et l'amour ne connaît personne.

- Harpagon -

Je te ferai bien me connaître avec de bons coups de bâton.

- Cléante -

Toutes vos menaces ne feront rien.

- Harpagon -

Tu renonceras à Mariane.

- Cléante -

Point du tout.

- Harpagon -

Donnez-moi un bâton tout à l'heure.

Molière

SCÈNE IV.

HARPAGON, CLÉANTE, MAÎTRE JACQUES.

- Maître Jacques -

Hé! hé! hé! Messieurs, qu'est-ce ci? à quoi songez-vous?

- Cléante -

Je me moque de cela.

- Maître Jacques -

(à Cléante.) Ah! Monsieur, doucement.

- Harpagon -

Me parler avec cette impudence!

- Maître Jacques -

(à Harpagon.) Ah! monsieur, de grâce!

- Cléante -

Je n'en démordrai point.

- Maître Jacques -

(à Cléante.) Hé quoi! à votre père?

- Harpagon -

Laisse-moi faire.

- Maître Jacques -

(à Harpagon.) Hé quoi! à votre fils? Encore passe pour moi.

- Harpagon -

Je te veux faire toi-même, maître Jacques, juge de cette affaire, pour montrer comme j'ai raison.

- Maître Jacques -

J'y consens. (A Cléante.) Eloignez-vous un peu.

- Harpagon -

J'aime une fille que je veux épouser; et le pendard a l'insolence

165

de l'aimer avec moi, et d'y prétendre malgré mes ordres.

- Maître Jacques -

Ah! il a tort.

- Harpagon -

N'est-ce pas une chose épouvantable, qu'un fils qui veut entrer en concurrence avec son père? et ne doit-il pas, par respect, s'abstenir de toucher à mes inclinations?

- Maître Jacques -

Vous avez raison. Laissez-moi lui parler, et demeurez là.

- Cléante -

(à maître Jacques, qui s'approche de lui.) Eh bien, oui, puisqu'il veut te choisir pour juge, je n'y recule point; il ne m'importe qui ce soit; et je veux bien aussi me rapporter à toi, maître Jacques, de notre différend.

- Maître Jacques -

C'est beaucoup d'honneur que vous me faites.

- Cléante -

Je suis épris d'une jeune personne qui répond à mes voeux et reçoit tendrement les offres de ma foi, et mon père s'avise de venir troubler notre amour, par la demande qu'il en fait faire.

- Maître Jacques -

Il a tort assurément.

- Cléante -

N'a-t-il point de honte, à son âge, de songer à se marier? Lui sied-il bien d'être encore amoureux? et ne devrait-il pas laisser cette occupation aux jeunes gens?

- Maître Jacques -

Vous avez raison, il se moque. Laissez-moi lui dire deux mots. (À Harpagon.) Eh bien! votre fils n'est pas si étrange que vous le dites, et il se met à la raison. Il dit qu'il sait le respect qu'il vous doit; qu'il ne s'est emporté que dans la première chaleur, et qu'il ne fera point refus de se soumettre à ce qu'il vous plaira, pourvu que vous vouliez le traiter mieux que vous ne faites, et lui donner quelque personne en mariage, dont il ait lieu d'être content.

- Harpagon -

Ah! dis-lui, maître Jacques, que moyennant cela, il pourra espérer toutes choses de moi, et que, hors Mariane, je lui laisse la liberté de choisir celle qu'il voudra.

- Maître Jacques -

Laissez-moi faire. (À Cléante.) Eh bien! votre père n'est pas si déraisonnable que vous le faites, et il m'a témoigné que ce sont vos emportements qui l'ont mis en colère; qu'il n'en veut seulement qu'à votre manière d'agir, et qu'il sera fort disposé à vous accorder ce que vous souhaitez, pourvu que vous vouliez vous y prendre par la douceur, et lui rendre les déférences, les respects et les soumissions qu'un fils doit à son père.

- Cléante -

Ah! maître Jacques, tu lui peux assurer que, s'il m'accorde Mariane, il me verra toujours le plus soumis de tous les hommes, et que jamais je ne ferai aucune chose que par ses volontés.

- Maître Jacques -

(à Harpagon.) Cela est fait. Il consent ce que vous dites.

- Harpagon -

Voilà qui va le mieux du monde.

- Maître Jacques -

(à Cléante.) Tout est conclu; il est content de vos promesses.

- Cléante -

Le ciel en soit loué!

- Maître Jacques -

Messieurs, vous n'avez qu'à parler ensemble; vous voilà d'accord maintenant; et vous alliez vous quereller, faute de vous entendre.

- Cléante -

Mon pauvre maître Jacques, je te serai obligé toute ma vie.

- Maître Jacques -

Il n'y a pas de quoi, monsieur.

- Harpagon -

Tu m'as fait plaisir, maître Jacques; et cela mérite une récompense. (Harpagon fouille dans sa poche; maître Jacques tend la main; mais Harpagon ne tire que son mouchoir, en disant:)

Va, je m'en souviendrai, je t'assure.

- Maître Jacques -

Je vous baise les mains.

SCÈNE V.

HARPAGON, CLÉANTE.

- Cléante -

Je vous demande pardon, mon père, de l'emportement que j'ai fait paraître.

- Harpagon -

Cela n'est rien.

- Cléante -

Je vous assure que j'en ai tous les regrets du monde.

- Harpagon -

Et moi, j'ai toutes les joies du monde de te voir raisonnable.

- Cléante -

Quelle bonté à vous d'oublier si vite ma faute!

- Harpagon -

On oublie aisément les fautes des enfants lorsqu'ils rentrent dans leur devoir.

- Cléante -

Quoi! ne garder aucun ressentiment de toutes mes extravagances?

- Harpagon -

C'est une chose où tu m'obliges, par la soumission et le respect où tu te ranges.

- Cléante -

Je vous promets, mon père, que jusques au tombeau je conserverai dans mon coeur le souvenir de vos bontés.

- Harpagon -

Et moi, je te promets qu'il n'y aura aucune chose que tu n'obtiennes de moi.

- Cléante -

Ah! mon père, je ne vous demande plus rien; et c'est m'avoir assez donné que de me donner Mariane.

- Harpagon -

Comment?

- Cléante -

Je dis, mon père, que je suis trop content de vous, et que je trouve toutes choses dans la bonté que vous ayez de m'accorder Mariane.

- Harpagon -

Qui est-ce qui parle de t'accorder Mariane?

- Cléante -

Vous, mon père.

- Harpagon -

Moi?

- Cléante -

Sans doute.

- Harpagon -

Comment! c'est toi qui as promis d'y renoncer.

- Cléante -

Moi, y renoncer?

- Harpagon -

Oui.

- Cléante -

Point du tout.

- Harpagon -

Tu ne t'es pas départi d'y prétendre?

- Cléante -

Au contraire, j'y suis porté plus que jamais.

- Harpagon -

Quoi, pendard! derechef?

- Cléante -

Rien ne peut me changer.

- Harpagon -

Laisse-moi faire, traître.

- Cléante -

Faites tout ce qu'il vous plaira.

- Harpagon -

Je te défends de me jamais voir.

- Cléante -

A la bonne heure.

- Harpagon -

Je t'abandonne.

- Cléante -

Abandonnez.

- Harpagon -

Je te renonce pour mon fils.

- Cléante -

Soit.

- Harpagon -

Je te déshérite.

- Cléante -

Tout ce que vous voudrez.

- Harpagon -

Et je te donne ma malédiction.

- Cléante -

Je n'ai que faire de vos dons.

SCÈNE VI.

CLÉANTE, LA FLÈCHE.

- La Flèche -

(sortant du jardin avec une cassette.)Ah! Monsieur, que je vous trouve à propos! Suivez-moi vite.

- Cléante -

Qu'y a-t-il?

- La Flèche -

Suivez-moi, vous dis-je; nous sommes bien.

- Cléante -

Comment?

- La Flèche -

Voici votre affaire.

- Cléante -

Quoi?

- La Flèche -

J'ai guigné ceci tout le jour.

- Cléante -

Qu'est-ce que c'est?

- La Flèche -

Le trésor de votre père, que j'ai attrapé.

- Cléante -

Comment as-tu fait?

- La Flèche -

Vous saurez tout. Sauvons-nous; je l'entends crier.

SCÈNE VII.

HARPAGON.

- Harpagon -

(criant au voleur dès le jardin, et venant sans chapeau.) Au voleur! au voleur! à l'assassin! au meurtrier! Justice, juste ciel! Je suis perdu, je suis assassiné; on m'a coupé la gorge: on m'a dérobé mon argent. Qui peut-ce être? Qu'est-il devenu? Où est-il? Où se cache-t-il? Que ferai-je pour le trouver? Où courir? Où ne pas courir? N'est-il point là? n'est-il point ici? Qui est-ce? Arrête. (À lui-même, se prenant par le bras.) Rends-moi mon argent, coquin... Ah! c'est moi! Mon esprit est troublé, et j'ignore où je suis, qui je suis, et ce que je fais. Hélas! mon pauvre argent! mon pauvre argent! mon cher ami! on m'a privé de toi; et puisque tu m'es enlevé, j'ai perdu mon support, ma consolation, ma joie: tout est fini pour moi, et je n'ai plus que faire au monde. Sans toi, il m'est impossible de vivre. C'en est fait; je n'en puis plus; je me meurs; je suis mort; je suis enterré. N'y a-t-il personne qui veuille me ressusciter, en me rendant mon cher argent, ou en m'apprenant qui l'a pris. Euh! que dites-vous? Ce n'est personne. Il faut, qui que ce soit qui ait fait le coup, qu'avec beaucoup de soin on ait épié l'heure; et l'on a choisi justement le temps que je parlais à mon traître de fils. Sortons. Je veux aller quérir la justice, et faire donner la question à toute ma maison; à servantes, à valets, à fils, à fille, et à moi aussi. Que de gens assemblés! Je ne jette mes regards sur personne qui ne me donne des soupçons, et tout me semble mon voleur. Hé! de quoi est-ce qu'on parle là? de celui qui m'a dérobé? Quel bruit fait-on là-haut? Est-ce mon voleur qui y est? De grâce, si l'on sait des nouvelles de mon voleur, je supplie que l'on m'en dise. N'est-il point caché là parmi vous? Ils me regardent tous, et se mettent à rire. Vous verrez qu'ils ont part, sans doute, au vol que l'on m'a fait. Allons, vite, des commissaires, des archers, des prévôts, des juges, des gênes, des potences, et des bourreaux! Je veux faire pendre tout le monde; et si je ne retrouve mon argent, je me pendrai moi-même après.

ACTE CINQUIÈME.

SCÈNE PREMIÈRE.

HARPAGON, UN COMMISSAIRE.

- Le commissaire -

Laissez-moi faire, je sais mon métier, Dieu merci. Ce n'est pas d'aujourd'hui que je me mêle de découvrir des vols, et je voudrais avoir autant de sacs de mille francs que j'ai fait pendre de personnes.

- Harpagon -

Tous les magistrats sont intéressés à prendre cette affaire en main; et, si l'on ne me fait retrouver mon argent, je demanderai justice de la justice.

- Le commissaire -

Il faut faire toutes les poursuites requises. Vous dites qu'il y avait dans cette cassette?

- Harpagon -

Dix mille écus bien comptés.

- Le commissaire -

Dix mille écus!

- Harpagon -

Dix mille écus.

- Le commissaire -

Le vol est considérable.

- Harpagon -

Il n'y a point de supplice assez grand pour l'énormité de ce crime; et, s'il demeure impuni, les choses les plus sacrées ne sont plus en sûreté.

- Le commissaire -

En quelles espèces était cette somme?

- Harpagon -

En bons louis d'or et pistoles bien trébuchantes.

- Le commissaire -

Qui soupçonnez-vous de ce vol?

- Harpagon -

Tout le monde, et je veux que vous arrêtiez prisonniers la ville et les faubourgs.

- Le commissaire -

Il faut, si vous m'en croyez, n'effaroucher personne et tâcher doucement d'attraper quelques preuves afin de procéder après, par la rigueur, au recouvrement des deniers qui vous ont été pris.

SCÈNE II.

HARPAGON, UN COMMISSAIRE, MAÎTRE JACQUES.

- Maître Jacques -

> (dans le fond du théâtre, en se retour-
> nant du côté par lequel il est entré.)

Je m'en vais revenir. Qu'on me l'égorge tout à l'heure; qu'on me lui fasse griller les pieds, qu'on me le mette dans l'eau bouillante, et qu'on me le pende au plancher.

- Harpagon -

(à maître Jacques.) Qui? celui qui m'a dérobé?

- Maître Jacques

Je parle d'un cochon de lait que votre intendant me vient d'envoyer, et je veux vous l'accommoder à ma fantaisie.

- Harpagon -

Il n'est pas question de cela; et voilà Monsieur à qui il faut parler d'autre chose.

- Le commissaire -

(à maître Jacques.) Ne vous épouvantez point. Je suis homme à ne vous point scandaliser (16), et les choses iront dans la douceur.

- Maître Jacques -

Monsieur est de votre souper?

- Le commissaire -

Il faut ici, mon cher ami, ne rien cacher à votre maître.

- Maître Jacques -

Ma foi, Monsieur, je montrerai tout ce que je sais faire, et je vous traiterai du mieux qu'il me sera possible.

- Harpagon -

Ce n'est pas là l'affaire.

- Maître Jacques -

Si je ne vous fais pas aussi bonne chère que je voudrais, c'est la faute de monsieur notre intendant, qui m'a rogné les ailes avec les ciseaux de son économie.

- Harpagon -

Traître! il s'agit d'autre chose que de souper; et je veux que tu me dises des nouvelles de l'argent qu'on m'a pris.

- Maître Jacques -

On vous a pris de l'argent?

- Harpagon -

Oui, coquin; et je m'en vais te faire pendre, si tu ne me le rends.

- Le commissaire -

(à Harpagon.) Mon Dieu! ne le maltraitez point. Je vois à sa mine qu'il est honnête homme, et que, sans se faire mettre en prison, il vous découvrira ce que vous voulez savoir. Oui, mon ami, si vous nous confessez la chose, il ne vous sera fait aucun mal et vous serez récompensé comme il faut par votre maître. On lui a pris aujourd'hui son argent, et il n'est pas que vous ne sachiez quelques nouvelles de cette affaire.

- Maître Jacques -

(bas, à part.) Voici justement ce qu'il me faut pour me venger de notre intendant. Depuis qu'il est entré céans il est le favori, on n'écoute que ses conseils, et j'ai aussi sur le coeur les coups de bâton de tantôt.

- Harpagon -

Qu'as-tu à ruminer?

- Le commissaire -

(à Harpagon.) Laissez-le faire. Il se prépare à vous contenter; et je vous ai bien dit qu'il était honnête homme.

- Maître Jacques -

Monsieur, si vous voulez que je vous dise les choses, je crois que c'est monsieur votre cher intendant qui a fait le coup.

- Harpagon -

Valère!

- Maître Jacques -

Oui.

- Harpagon -

Lui! qui me paraît si fidèle?

- Maître Jacques -

Lui-même. Je crois que c'est lui qui vous a dérobé.

- Harpagon -

Et sur quoi le crois-tu?

- Maître Jacques -

Sur quoi?

- Harpagon -

Oui.

- Maître Jacques -

Je le crois… sur ce que je le crois.

- Le commissaire -

Mais il est nécessaire de dire les indices que vous avez.

- Harpagon -

L'as-tu vu rôder autour du lieu où j'avais mis mon argent?

- Maître Jacques -

Oui, vraiment. Où était-il votre argent?

- Harpagon -

Dans le jardin.

- Maître Jacques -

Justement; je l'ai vu rôder dans le jardin. Et dans quoi est-ce que cet argent était?

- Harpagon -

Dans une cassette.

- Maître Jacques -

Voilà l'affaire. Je lui ai vu une cassette.

- Harpagon -

Et cette cassette, comme est-elle faite? Je verrai bien si c'est la mienne.

- Maître Jacques -

Comment elle est faite?

- Harpagon -

Oui.

- Maître Jacques -

Elle est faite… elle est faite comme une cassette.

- Le commissaire -

Cela s'entend. Mais dépeignez-la un peu, pour voir.

- Maître Jacques -

C'est une grande cassette.

- Harpagon -

Celle qu'on m'a volée est petite.

- Maître Jacques -

Hé! oui, elle est petite, si on le veut prendre par là; mais je l'appelle grande pour ce qu'elle contient.

- Le commissaire -

Et de quelle couleur est-elle?

- Maître Jacques -

De quelle couleur?

- Le commissaire -

Oui.

- Maître Jacques -

Elle est de couleur… là, d'une certaine couleur… Ne sauriez-vous m'aider à dire?

- Harpagon -

Euh!

- Maître Jacques -

N'est-elle pas rouge?

- Harpagon -

Non, grise.

- Maître Jacques -

Hé! oui, gris-rouge; c'est ce que je voulais dire.

- Harpagon -

Il n'y a point de doute; c'est elle assurément. Ecrivez, Monsieur, écrivez sa déposition. Ciel! à qui désormais se fier! Il ne faut plus jurer de rien; et je crois, après cela, que je suis homme à me voler moi-même.

- Maître Jacques -

(à Harpagon.) Monsieur, le voici qui revient. Ne lui allez pas dire, au moins, que c'est moi qui vous ai découvert cela.

SCÈNE III.

HARPAGON, UN COMMISSAIRE, VALÈRE, MAÎTRE JACQUES.

- Harpagon -

Approche, viens confesser l'action la plus noire, l'attentat le plus horrible qui jamais ait été commis.

- Valère -

Que voulez-vous, monsieur?

- Harpagon -

Comment, traître, tu ne rougis pas de ton crime?

- Valère -

De quel crime voulez-vous donc parler?

- Harpagon -

De quel crime je veux parler, infâme? comme si tu ne savais pas ce que je veux dire! C'est en vain que tu prétendrais de le déguiser: l'affaire est découverte, et l'on vient de m'apprendre tout. Comment abuser ainsi de ma bonté, et s'introduire exprès chez moi pour me trahir, pour me jouer un tour de cette nature?

- Valère -

Monsieur, puisqu'on vous a découvert tout, je ne veux point chercher de détours et vous nier la chose.

- Maître Jacques -

(à part.) Oh! oh! Aurais-je deviné sans y penser?

- Valère -

C'était mon dessein de vous en parler, et je voulais attendre, pour cela, des conjonctures favorables; mais puisqu'il est ainsi, je vous conjure de ne vous point fâcher, et de vouloir entendre mes raisons.

- Harpagon -

Et quelles belles raisons peux-tu me donner, voleur infâme?

- Valère -

Ah! Monsieur, je n'ai pas mérité ces noms. Il est vrai que j'ai commis une offense envers vous; mais, après tout, ma faute est pardonnable.

- Harpagon -

Comment! pardonnable? Un guet-apens, un assassinat de la sorte?

- Valère -

De grâce, ne vous mettez point en colère. Quand vous m'aurez ouï, vous verrez que le mal n'est pas si grand que vous le faites.

- Harpagon -

Le mal n'est pas si grand que je le fais! Quoi! mon sang, mes entrailles, pendard!

- Valère -

Votre sang, Monsieur, n'est pas tombé dans de mauvaises mains. Je suis d'une condition à ne lui point faire de tort; et il n'y a rien, en tout ceci, que je ne puisse bien réparer.

- Harpagon -

C'est bien mon intention, et que tu me restitues ce que tu m'as ravi.

- Valère -

Votre honneur, Monsieur, sera pleinement satisfait.

- Harpagon -

Il n'est pas question d'honneur là-dedans. Mais, dis-moi, qui t'a porté à cette action?

- Valère -

Hélas! me le demandez-vous?

- Harpagon -

Oui, vraiment, je te le demande.

- Valère -

Un dieu qui porte les excuses de tout ce qu'il fait faire, l'Amour.

- Harpagon -

L'Amour?

- Valère -

Oui.

- Harpagon -

Bel amour, bel amour, ma foi! l'amour de mes louis d'or!

- Valère -

Non, Monsieur, ce ne sont point vos richesses qui m'ont tenté, ce n'est pas cela qui m'a ébloui; et je proteste de ne prétendre rien à tous vos biens, pourvu que vous me laissiez celui que j'ai.

- Harpagon -

Non ferai, de par tous les diables! je ne te le laisserai pas. Mais voyez quelle insolence, de vouloir retenir le vol qu'il m'a fait!

- Valère -

Appelez-vous cela un vol?

- Harpagon -

Si je l'appelle un vol? un trésor comme celui-là!

- Valère -

C'est un trésor, il est vrai, et le plus précieux que vous ayez, sans doute; mais ce ne sera pas le perdre que de me le laisser. Je vous le demande à genoux, ce trésor plein de charmes; et, pour bien faire, il faut que vous me l'accordiez.

- Harpagon -

Je n'en ferai rien. Qu'est-ce à dire cela?

- Valère -

Nous nous sommes promis une foi mutuelle, et avons fait serment de ne nous point abandonner.

- Harpagon -

Le serment est admirable, et la promesse plaisante.

- Valère -

Oui, nous nous sommes engagés d'être l'un à l'autre à jamais.

- Harpagon -

Je vous en empêcherai bien, je vous assure.

- Valère -

Rien que la mort ne nous peut séparer.

- Harpagon -

C'est être bien endiablé après mon argent!

- Valère -

Je vous ai déjà dit, Monsieur, que ce n'était point l'intérêt qui m'avait poussé à faire ce que j'ai fait. Mon coeur n'a point agi par les ressorts que vous pensez, et un motif plus noble m'a inspiré cette résolution.

- Harpagon -

Vous verrez que c'est par charité chrétienne qu'il veut avoir mon bien! Mais j'y donnerai bon ordre, et la justice, pendard effronté, me va faire raison de tout.

- Valère -

Vous en userez comme vous voudrez, et me voilà prêt à souffrir toutes les violences qu'il vous plaira; mais je vous prie de croire au moins que, s'il y a du mal, ce n'est que moi qu'il en faut accuser, et que votre fille, en tout ceci, n'est aucunement coupable.

- Harpagon -

Je le crois bien, vraiment! Il serait fort étrange que ma fille eût trempé dans ce crime. Mais je veux ravoir mon affaire, et que tu me confesses en quel endroit tu me l'as enlevée.

- Valère -

Moi? Je ne l'ai point enlevée; et elle est encore chez vous.

- Harpagon -

(à part.) Ô ma chère cassette! (Haut.) Elle n'est point sortie de ma maison?

- Valère -

Non, Monsieur.

- Harpagon -

Hé! dis-moi donc un peu: tu n'y as point touché?

- Valère -

Moi, y toucher! Ah! vous lui faites tort, aussi bien qu'à moi; et c'est d'une ardeur toute pure et respectueuse que j'ai brûlé pour elle.

- Harpagon -

(à part.) Brûlé pour ma cassette!

- Valère -

J'aimerais mieux mourir que de lui avoir fait paraître aucune pensée offensante: elle est trop sage et trop honnête pour cela.

- Harpagon -

(à part.) Ma cassette trop honnête!

- Valère -

Tous mes désirs se sont bornés à jouir de sa vue; et rien de criminel n'a profané la passion que ses beaux yeux m'ont inspirée.

- Harpagon -

(à part.) Les beaux yeux de ma cassette! Il parle d'elle comme un amant d'une maîtresse.

- Valère -

Dame Claude, Monsieur, sait la vérité de cette aventure; et elle vous peut rendre témoignage…

- Harpagon -

Quoi! ma servante est complice de l'affaire?

- Valère -

Oui, Monsieur: elle a été témoin de notre engagement; et c'est après avoir connu l'honnêteté de ma flamme, qu'elle m'a aidé à persuader votre fille de me donner sa foi, et recevoir la mienne.

- Harpagon -

(à part.) Hé! Est-ce que la peur de la justice le fait extravaguer? (A Valère.) Que nous brouilles-tu ici de ma fille?

- Valère -

Je dis, Monsieur, que j'ai eu toutes les peines du monde à faire consentir sa pudeur à ce que voulait mon amour.

- Harpagon -

La pudeur de qui?

- Valère -

De votre fille; et c'est seulement depuis hier qu'elle a pu se résoudre à nous signer mutuellement une promesse de mariage.

- Harpagon -

Ma fille t'a signé une promesse de mariage?

- Valère -

Oui, Monsieur, comme de ma part, je lui en ai signé une.

- Harpagon -

Ô ciel! autre disgrâce!

- Maître Jacques -

(au commissaire.) Ecrivez, Monsieur, écrivez.

- Harpagon -

Rengrègement de mal! surcroît de désespoir! (au commissaire.) Allons, Monsieur, faites le dû de votre charge, et dressez-lui-moi son procès comme larron et comme suborneur.

- Valère -

Ce sont des noms qui ne me sont point dus; et quand on saura qui je suis…

SCÈNE IV.

HARPAGON, ÉLISE, MARIANE, VALÈRE, FROSINE, MAÎTRE JACQUES, UN COMMISSAIRE.

- Harpagon -

Ah! fille scélérate! fille indigne d'un père comme moi! c'est ainsi que tu pratiques les leçons que je t'ai données? Tu te laisses prendre d'amour pour un voleur infâme, et tu lui engages ta foi sans mon consentement! Mais vous serez trompés l'un et l'autre. (A Élise.) Quatre bonnes murailles me répondront de ta conduite; (à Valère) et une bonne potence, pendard effronté, me fera raison de ton audace.

- Valère -

Ce ne sera point votre passion qui jugera l'affaire; et l'on m'écoutera, au moins, avant que de me condamner.

- Harpagon -

Je me suis abusé de dire une potence; et tu seras roué tout vif.

- Élise -

(aux genoux d'Harpagon.) Ah! mon père, prenez des sentiments un peu plus humains, je vous prie, et n'allez point pousser les choses dans les dernières violences du pouvoir paternel. Ne vous laissez point entraîner aux premiers mouvements de votre passion, et donnez-vous le temps de considérer ce que vous voulez faire. Prenez la peine de mieux voir celui dont vous vous offensez (17); il est tout autre que vos yeux ne le jugent, et vous trouverez moins étrange que je me sois donnée à lui, lorsque vous saurez que, sans lui, vous ne m'auriez plus il y a longtemps. Oui, mon père, c'est celui qui me sauva de ce grand péril que vous savez que je courus dans l'eau, et à qui vous devez la vie de cette même fille dont...

- Harpagon -

Tout cela n'est rien; et il valait bien mieux pour moi qu'il te laissât noyer que de faire ce qu'il a fait.

- Élise -

Mon père, je vous conjure par l'amour paternel, de me...

- Harpagon -

Non, non; je ne veux rien entendre, et il faut que la justice fasse son devoir.

- Maître Jacques -

(à part.) Tu me payeras mes coups de bâton!

- Frosine -

(à part.) Voici un étrange embarras!

SCÈNE V.

ANSELME, HARPAGON, ÉLISE, MARIANE, FROSINE, VALÈRE, UN COMMISSAIRE, MAÎTRE JACQUES.

- Anselme -

Qu'est-ce, seigneur Harpagon? je vous vois tout ému.

- Harpagon -

Ah! seigneur Anselme, vous me voyez le plus infortuné de tous les hommes; et voici bien du trouble et du désordre au contrat que vous venez faire! On m'assassine dans le bien, on m'assassine dans l'honneur; et voilà un traître, un scélérat qui a violé tous les droits les plus saints, qui s'est coulé chez moi sous le titre de domestique, pour me dérober mon argent et pour me suborner ma fille.

- Valère -

Qui songe à votre argent, dont vous me faites un galimatias?

- Harpagon -

Oui, ils se sont donné l'un à l'autre une promesse de mariage. Cet affront vous regarde, seigneur Anselme; et c'est vous qui devez vous rendre partie contre lui, et faire toutes les poursuites de la justice à vos dépends, pour vous venger de son insolence.

- Anselme -

Ce n'est pas mon dessein de me faire épouser par force, et de rien prétendre à un coeur qui se serait donné; mais, pour vos intérêts, je suis prêt à les embrasser ainsi que les miens propres.

- Harpagon -

Voilà monsieur qui est un honnête commissaire, qui n'oubliera rien, à ce qu'il m'a dit, de la fonction de son office. (Au commissaire, montrant Valère.) Chargez-le comme il faut, Monsieur, et rendez les choses bien criminelles.

- Valère -

Je ne vois pas quel crime on me peut faire de la passion que j'ai pour votre fille, et le supplice où vous croyez que je puisse être condamné pour notre engagement, lorsqu'on saura ce que je suis…

- Harpagon -

Je me moque de tous ces contes; et le monde aujourd'hui n'est plein que de ces larrons de noblesse, que de ces imposteurs qui tirent avantage de leur obscurité et s'habillent insolemment du premier nom illustre qu'ils s'avisent de prendre.

- Valère -

Sachez que j'ai le coeur trop bon pour me parer de quelque chose qui ne soit point à moi, et que tout Naples peut rendre témoignage de ma naissance.

- Anselme -

Tout beau! Prenez garde à ce que vous allez dire. Vous risquez ici plus que vous ne pensez, et vous parlez devant un homme à qui tout Naples est connu et qui peut aisément voir clair dans l'histoire que vous ferez.

- Valère -

(mettant fièrement son chapeau.) Je ne suis point homme à rien craindre, et si Naples vous est connu, vous savez qui était don Thomas d'Alburci.

- Anselme -

Sans doute, je le sais; et peu de gens l'ont connu mieux que moi.

- Harpagon -

Je ne me soucie ni de dom Thomas ni dom Martin. (Harpagon voyant deux chandelles allumées en souffle une.)

- Anselme -

De grâce, laissez-le parler; nous verrons ce qu'il en veut dire.

- Valère -

Je veux dire que c'est lui qui m'a donné jour.

- Anselme -

Lui?

- Valère -

Oui.

- Anselme -

Allez. Vous vous moquez. Cherchez quelque autre histoire qui vous puisse mieux réussir, et ne prétendez pas vous sauver sous cette imposture.

- Valère -

Songez à mieux parler. Ce n'est point une imposture, et je

n'avance rien qu'il ne me soit aisé de justifier.

- Anselme -

Quoi! vous osez vous dire fils de don Thomas d'Alburci?

- Valère -

Oui, je l'ose; et je suis prêt de soutenir cette vérité contre qui que ce soit.

- Anselme -

L'audace est merveilleuse! Apprenez, pour vous confondre, qu'il y a seize ans, pour le moins, que l'homme dont vous nous parlez périt sur mer avec ses enfants et sa femme, en voulant dérober leur vie aux cruelles persécutions qui ont accompagné les désordres de Naples, et qui en firent exiler plusieurs nobles familles.

- Valère -

Oui; mais apprenez, pour vous confondre, vous, que son fils, âgé de sept ans, avec un domestique, fut sauvé de ce naufrage par un vaisseau espagnol; et que ce fils sauvé est celui qui vous parle. Apprenez que le capitaine de ce vaisseau, touché de ma fortune, prit amitié pour moi; qu'il me fit élever comme son propre fils, et que les armes furent mon emploi dès que je m'en trouvai capable; que j'ai su depuis peu que mon père n'était point mort, comme je l'avais toujours cru; que, passant ici pour l'aller chercher, une aventure, par le ciel concertée, me fit voir la charmante Élise; que cette vue me rendit esclave de ses beautés, et que la violence de mon amour et les sévérités de son père me firent prendre la résolution de m'introduire dans son logis, et d'envoyer un autre à la quête de mes parents.

- Anselme -

Mais quels témoignages encore, autres que vos paroles, nous peuvent assurer que ce ne soit point une fable que vous ayez bâtie sur une vérité?

- Valère -

Le capitaine espagnol, un cachet de rubis qui était à mon père; un bracelet d'agate que ma mère m'avait mis au bras; le vieux Pedro, ce domestique qui se sauva avec moi du naufrage.

- Mariane -

Hélas! à vos paroles, je puis ici répondre, moi, que vous n'imposez point; et tout ce que vous dites me fait connaître clairement que vous êtes mon frère.

- Valère -

Vous, ma soeur?

- Mariane -

Oui, mon coeur s'est ému dès le moment que vous avez ouvert la bouche; et notre mère, que vous allez ravir, m'a mille fois entretenue des disgrâces de notre famille. Le ciel ne nous fit point aussi périr dans ce triste naufrage; mais il ne nous sauva la vie que par la perte de notre liberté, et ce furent des corsaires qui nous recueillirent, ma mère et moi, sur un débris de notre vaisseau. Après dix ans d'esclavage, une heureuse fortune nous rendit notre liberté; et nous retournâmes dans Naples, où nous trouvâmes tout notre bien vendu, sans y pouvoir trouver des nouvelles de notre père. Nous passâmes à Gênes, où ma mère alla ramasser quelques malheureux restes d'une succession qu'on avait déchirée; et de là, fuyant la barbare injustice de ses parents, elle vint en ces lieux, où elle n'a presque vécu que d'une vie languissante.

- Anselme -

Ô ciel! quels sont les traits de ta puissance! et que tu fais bien voir qu'il n'appartient qu'à toi de faire des miracles! Embrassez-moi, mes enfants, et mêlez tous deux vos transports à ceux de votre père.

- Valère -

Vous êtes notre père?

- Mariane -

C'est vous que ma mère a tant pleuré?

- Anselme -

Oui, ma fille; oui, mon fils; je suis dom Thomas d'Alburci que le ciel garantit des ondes avec tout l'argent qu'il portait, et qui, vous ayant tous crus morts durant plus de seize ans, se préparait, après de longs voyages, à chercher, dans l'hymen d'une douce et sage personne, la consolation de quelque nouvelle famille. Le peu de sûreté que j'ai vu pour ma vie à retourner à Naples m'a fait y renoncer pour toujours; et ayant su trouver moyen d'y faire vendre ce que j'avais, je me suis habitué ici, où, sous le nom d'Anselme, j'ai voulu m'éloigner les chagrins de cet autre nom qui m'a causé tant de traverses.

- Harpagon -

(à Anselme.) C'est là votre fils?

- Anselme -

Oui.

- Harpagon -

Je vous prends à partie pour me payer dix mille écus qu'il m'a volés.

- Anselme -

Lui, vous avoir volé?

- Harpagon -

Lui-même.

- Valère -

Qui vous dit cela?

- Harpagon -

Maître Jacques.

- Valère -

(à maître Jacques.) C'est toi qui le dis?

- Maître Jacques -

Vous voyez que je ne dis rien.

- Harpagon -

Oui. Voilà monsieur le commissaire qui a reçu sa déposition.

- Valère -

Pouvez-vous me croire capable d'une action si lâche?

- Harpagon -

Capable ou non capable, je veux ravoir mon argent.

SCÈNE VI.

HARPAGON, ANSELME, ÉLISE, MARIANE, CLÉANTE, VALÈRE, FROSINE, UN COMMISSAIRE, MAÎTRE JACQUES, LA FLÈCHE.

- Cléante -

Ne vous tourmentez point, mon père, et n'accusez personne. J'ai découvert des nouvelles de votre affaire, et je viens ici pour vous dire que, si vous voulez vous résoudre à me laisser épouser Mariane, votre argent vous sera rendu.

- Harpagon -

Où est-il?

- Cléante -

Ne vous mettez point en peine. Il est en lieu dont je réponds, et tout ne dépend que de moi. C'est à vous de me dire à quoi vous vous déterminez; et vous pouvez choisir, ou de me donner Mariane, ou de perdre votre cassette.

- Harpagon -

N'en a-t-on rien ôté?

- Cléante -

Rien du tout. Voyez si c'est votre dessein de souscrire à ce mariage, et de joindre votre consentement à celui de sa mère, qui lui laisse la liberté de faire un choix entre nous deux.

- Mariane -

(à Cléante.) Mais vous ne savez pas que ce n'est pas assez que ce consentement et que le ciel, (montrant Valère.) avec un frère que vous voyez, vient de me rendre un père (montrant Anselme.) dont vous avez à m'obtenir.

- Anselme -

Le ciel, mes enfants, ne me redonne point à vous pour être contraire à vos voeux. Seigneur Harpagon, vous jugez bien que le choix d'une jeune personne tombera sur le fils plutôt que sur le père: allons, ne vous faites point dire ce qu'il n'est pas nécessaire d'entendre; et consentez, ainsi que moi, à ce double hyménée.

- Harpagon -

Il faut, pour me donner conseil, que je voie ma cassette.

- Cléante -

Vous la verrez saine et entière.

- Harpagon -

Je n'ai point d'argent à donner en mariage à mes enfants.

- Anselme -

Eh bien! j'en ai pour eux; que cela ne vous inquiète point.

- Harpagon -

Vous obligerez-vous à faire tous les frais de ces deux mariages?

- Anselme -

Oui, je m'y oblige. Etes-vous satisfait?

- Harpagon -

Oui, pourvu que pour les noces, vous me fassiez faire un habit.

- Anselme -

D'accord. Allons jouir de l'allégresse que cet heureux jour nous présente.

- Le commissaire -

Holà! messieurs, holà! Tout doucement, s'il vous plaît. Qui me payera mes écritures?

- Harpagon -

Nous n'avons que faire de vos écritures.

- Le commissaire -

Oui! Mais je ne prétends pas, moi, les avoir faites pour rien.

- Harpagon -

(montrant maître Jacques.) Pour votre payement, voilà un homme que je vous donne à pendre.

- Maître Jacques -

Hélas! comment faut-il donc faire? On me donne des coups de bâton pour dire vrai, et on me veut pendre pour mentir!

- Anselme -

Seigneur Harpagon, il faut lui pardonner cette imposture.

- Harpagon -

Vous payerez donc le commissaire?

- Anselme -

Soit. Allons vite faire part de notre joie à votre mère.

- Harpagon -

Et moi, voir ma chère cassette.

NOTES

[From 1890 Edition]

——————— (1) C'est-à-dire, elles ne sont pas fort "accommodées des biens de la fortune". Cette expression est encore d'usage aujourd'hui, et l'Académie cite cet exemple: Je l'ai vu pauvre, "mais il s'est bien accommodé." ——————— (2) On trouve pour la première fois le mot "moucher" pour "épier", dans la légende de Faifeu, imprimée en 1532. Le mot "mouchard" n'est donc pas ancien dans notre langue. ——————— (3) On dit proverbialement "parler à la barette de quelqu'un", pour lui parler sans ménagement, porter la main sur lui, le frapper à la tête. ——————— (4) Un denier d'intérêt pour douze prêtés, c'est-à-dire un peu plus de huit pour cent. ——————— (5) "Fluet". On disait autrefois "flouet" et "flou", dont "flouet" est le diminutif. ——————— (6) Ce tour de phrase est latin. Boileau a dit dans la "Satire sur les Femmes":

Je ne puis cette fois que je ne les excuse.

Ni Boileau ni Molière n'ont pu faire adopter ce latinisme. ——————— (7) Avant sa conversion, saint Mathieu était receveur des tributs, et la malignité lui attribuait des prêts usuraires. De là l'ancienne expression proverbiale, "fester saint Matthieu", pour prêter à usure, et, par corruption, "fesse-Matthieu". ——————— (8) C'est-à-dire un denier d'intérêt pour dix-huit prêtés, ce qui équivaut à un peu plus de cinq et demi pour cent. ——————— (9) A vingt pour cent. ——————— (10) A vingt-cinq pour cent. ——————— - (11) Les soldats portaient autrefois un bâton terminé d'un bout par une pointe qu'ils enfonçaient en terre, et de l'autre, par un fer fourchu sur lequel ils appuyaient leur mousquet, pour tirer plus

196

juste. C'est ce qu'on appelait "la fourchette d'un mousquet". ——— ———— (12) Expression proverbiale: "L'épée de chevet", l'épée qui ne nous quitte jamais. Au figuré, "l'expression qu'on a sans cesse à la bouche". ——————— (13) C'était une formule ancienne de santé et d'économie qu'on trouve quelquefois chez les Latins, énoncée par les seules lettres initiales de chaque mot E.V.V.N.V.V.E.: "ede ut vivas, ne vivas ut edas.", "Mange pour vivre, et ne vis pas pour manger." ——————- (14) Expression proverbiale: "Il n'y a pas même pour un double", c'est-à-dire "il n'y en a point". Le double était une petite pièce de monnaie qui valait deux deniers. ——————— (15) Suivant Ménage, cette expression a été imaginée pour éviter de se servir du mot "diable". Molière n'est pas le seul qui ait employé ce mot dans ce sens: longtemps avant lui, Rabelais avait dit: "Créature du grand vilain diantre d'en-fer" (liv. III, ch. III). ——————— (16) Du temps de Molière, le mot "scandaliser" se prenait quelquefois dans le sens de "décrier", "diffamer". (Voyez le dictionnaire de l'Académie, édition de 1694). ——————— (17) "Offenser" est la traduction littéraire d'"offendere", mot dont le sens est beaucoup moins restreint en latin qu'en français. Il signifie ici, "celui dont vous avez à vous plaindre". L'exemple de Molière n'a pu le faire adopter avec cette acception. ———————

Also from Benediction Books …
Wandering Between Two Worlds: Essays on Faith and Art
Anita Mathias
Benediction Books, 2007
152 pages
ISBN: 0955373700

Available from www.amazon.com, www.amazon.co.uk

In these wide-ranging lyrical essays, Anita Mathias writes, in lush, lovely prose, of her naughty Catholic childhood in Jamshedpur, India; her large, eccentric family in Mangalore, a sea-coast town converted by the Portuguese in the sixteenth century; her rebellion and atheism as a teenager in her Himalayan boarding school, run by German missionary nuns, St. Mary's Convent, Nainital; and her abrupt religious conversion after which she entered Mother Teresa's convent in Calcutta as a novice. Later rich, elegant essays explore the dualities of her life as a writer, mother, and Christian in the United States-- Domesticity and Art, Writing and Prayer, and the experience of being "an alien and stranger" as an immigrant in America, sensing the need for roots.

About the Author

Anita Mathias is the author of Wandering Between Two Worlds: Essays on Faith and Art. She has a B.A. and M.A. in English from Somerville College, Oxford University, and an M.A. in Creative Writing from the Ohio State University, USA. Anita won a National Endowment of the Arts fellowship in Creative Nonfiction in 1997. She lives in Oxford, England with her husband, Roy, and her daughters, Zoe and Irene.

Anita's website:
    http://www.anitamathias.com, and
Anita's blog Dreaming Beneath the Spires:
    http://dreamingbeneaththespires.blogspot.com

The Church That Had Too Much
Anita Mathias
Benediction Books, 2010
52 pages
ISBN: 9781849026567

Available from www.amazon.com, www.amazon.co.uk

The Church That Had Too Much was very well-intentioned. She wanted to love God, she wanted to love people, but she was both hampered by her muchness and the abundance of her possessions, and beset by ambition, power struggles and snobbery. Read about the surprising way The Church That Had Too Much began to re-solve her problems in this deceptively simple and enchanting fable.

About the Author

Anita Mathias is the author of Wandering Between Two Worlds: Essays on Faith and Art. She has a B.A. and M.A. in English from Somerville College, Oxford University, and an M.A. in Creative Writing from the Ohio State University, USA. Anita won a National Endowment of the Arts fellowship in Creative Nonfiction in 1997. She lives in Oxford, England with her husband, Roy, and her daughters, Zoe and Irene.

Anita's website:
    http://www.anitamathias.com, and
Anita's blog Dreaming Beneath the Spires:
    http://dreamingbeneaththespires.blogspot.com

www.ingramcontent.com/pod-product-compliance
Lightning Source LLC
Chambersburg PA
CBHW031546040426
42452CB00006B/210